브랜드만족 1위 박문각

2025

파이널 패스
핵심이론 +100선

박문각 공인중개사

송우석 1차
부동산학개론

박문각 공인중개사

CONTENTS

이 책의 차례

chapter 01 부동산학 총론 · · · · 4

chapter 02 부동산 경제론 · · · · 16

chapter 03 부동산 시장론 · · · · 31

chapter 04 부동산 정책론 · · · · 49

chapter 05 부동산 투자론 · · · · 67

chapter 06 부동산 금융론 · · · · 99

chapter 07 부동산 개발 및 관리론 · · · · 116

chapter 08 감정평가론 · · · · 130

테마 100 정답 · · · · 164

Chapter 01 부동산학 총론

테마 01 복합개념의 부동산

01 부동산에 관한 설명 중 옳은 것은?

> ㉠ 부동산을 공간, 환경, 위치, 자연으로 다루는 시각은 (①)의 부동산이다.
> ㉡ 협의의 부동산, 준부동산, 광의의 부동산으로 보는 것은 (②)의 부동산이다.
> ㉢ 부동산을 생산요소, 자본, 소비재, 자산, 상품으로 보는 것은 (③)의 부동산이다.
> ㉣ (④)이란 부동산을 법률적·경제적·기술적(물리적) 측면 등이 복합된 개념으로 이해하는 것을 말한다.
> ㉤ 자동차, 항공기, 어업권, 공장재단 등을 부동산으로 의제하는 것은 (⑤)이다.

① 법률적 개념
② 물리적 개념
③ 경제적 개념
④ 복합부동산
⑤ 협의의 부동산

02 부동산의 개념에 관한 설명으로 가장 옳은 것은?

① 토지 및 그 정착물은 광의의 부동산에 속한다. 넓은 의미의 부동산에는 등기·등록의 대상이 되는 항공기·선박·자동차 등도 포함된다.
② 부동산의 물리적 개념은 부동산활동의 대상인 무형(無形)적 측면의 부동산을 이해하는 데 도움이 된다.
③ 신축 중인 건물은 사용승인이 완료되기 전에는 토지와 별개의 부동산으로 취급되지 않는다.
④ 「선박등기법」에 의한 10톤 미만의 선박은 준(의제)부동산이다.
⑤ 토지는 생산재로 볼 수는 있지만 소비재는 아니다.

📌 문제풀이 TIP

1. **복합개념**의 부동산(법. 경. 기)과 **복합부동산**(토지, 건물 일체)을 구분
2. 법률적, 무형(**협의, 준, 광의**), 경제적, 무형(**자산, 자본, 생산요소, 소비재, 상품**), 기술적·물리적, 유형(**자연, 공간, 위치, 환경**)
3. 토지는 **생산재**이지만 **소비재**가 될 수도 있다.
4. 신축 중인 건물이어도 기둥, 지붕 및 외벽이 완성되는 순간 등기 없이도 토지와 분리된 독립된 부동산으로 취급된다는 것이 판례의 입장
5. 선박법 제2조(적용 범위) 이 법은 총톤수 20톤 이상의 기선(機船)과 범선(帆船) 및 총톤수 100톤 이상의 부선(艀船)에 대하여 적용한다.

---

03 등기를 통해 소유권을 공시할 수 있는 물건 또는 권리는 몇 개인가?

감정평가사 34회, 공인중개사 35회 적중

- 총톤수 30톤인 기선(機船)
- 적재용량 25톤인 덤프트럭
- 최대 이륙중량 400톤인 항공기
- 동력차 2량과 객차 8량으로 구성된 철도차량
- 면허를 받아 김 양식업을 경영할 수 있는 권리
- 5천만원을 주고 구입하여 심은 한 그루의 소나무

① 1개 ② 2개 ③ 3개
④ 4개 ⑤ 5개

📌 문제풀이 TIP

1. 총톤수 20톤 이상의 기선(機船)과 범선(帆船) 및 총톤수 100톤 이상의 부선(艀船)에 대하여 선박등기법상 등기를 통해 소유권을 공시할 수 있다.
2. 적재용량 25톤인 덤프트럭, 최대 이륙중량 400톤인 항공기, 동력차 2량과 객차 8량으로 구성된 철도차량, 면허를 받아 김 양식업을 경영할 수 있는 권리는 등록의 대상이며, 입목등기는 수목의 집단에 대하여 하는 것이므로 한 그루의 소나무를 입목등기할 수는 없다. 입목에 관한 법률에 따른 "입목"이란 토지에 부착된 수목의 집단으로서 그 소유자가 이 법에 따라 소유권보존의 등기를 받은 것을 말한다.

테마 02 | 토지정착물, 부동산정착물

01 토지의 일부로 간주되는 정착물에 해당하는 것을 모두 고른 것은? 감정평가사 35회

㉠ 가식 중에 있는 수목
㉡ 매년 경작의 노력을 요하지 않는 다년생식물
㉢ 건물
㉣ 소유권보존등기된 입목
㉤ 구거
㉥ 경작수확물

① ㉠, ㉥
② ㉡, ㉤
③ ㉢, ㉣
④ ㉣, ㉤
⑤ ㉤, ㉥

🏠 문제풀이 TIP

1. 토지정착물
   (1) **종속정착물**: 일부
   (2) **독립정착물**: 독립-4, **건물**, **명**인방법 갖춘 **수목** 또는 **등**기된 **입목**, **권원**에 의하여 타인의 토지에서 재배되고 있는 농작물
   ☼ 암기법: 독립해서 등물하는 명권이
2. 정착물의 구분기준: **부착, 성격, 의도, 관계**
   그 물건을 제거했을 때 건물에 물리적 훼손이나 기능적 훼손 둘 중 하나라도 훼손이 발생하면 부동산 정착물로 본다.
3. **정착물**: 불분명, 경작목적이 아닌 수목, 자연식생, 다년생식물, 임대인정착물
4. **동산(3개)**: 임차인정착물, 경작수확물, 가식목적의 수목
   ☼ 암기법: 가수차는 동산이다.

테마 03 | 토지 용어

01 다음의 부동산의 용어에 대한 설명으로 옳은 것은 모두 몇 개인가?

㉠ 부지는 일정한 용도로 제공되고 있는 바닥토지를 말하며 하천, 도로 등의 바닥토지에 사용되는 포괄적 용어이다.
㉡ 공지란 도시토지로서 지가상승을 기대하고 장기간 방치하는 토지를 말한다.
㉢ 빈지는 일반적으로 바다와 육지 사이의 해변 토지와 같이 소유권이 인정되며 이용실익이 있는 토지이다.
㉣ 대지(袋地)란 도로에 좁은 접속면을 갖는 자루형 모양의 토지로서 「건축법」상 건축허가를 받을 수 없는 토지를 말한다.
㉤ 유휴지란 지력회복을 위해 정상적으로 쉬게 하는 토지를 말한다.
㉥ 건폐율 규제를 완화시키면 건부증가가 발생한다.
㉦ 후보지란 부동산의 용도적 지역인 택지지역·농지지역·임지지역 내에서 전환되고 있는 지역의 토지를 말한다.
㉧ 주택지가 대로변에 접하여 상업지로 전환 중인 토지는 후보지이다.
㉨ 건부지는 관련법령이 정하는 바에 따라 재난시 피난 등 안전이나 일조 등 양호한 생활환경 확보를 위해, 건축하면서 남겨놓은 일정면적 부분의 토지를 말한다.
㉩ 공간정보의 구축 및 관리 등에 관한 법령상 지적도에 기재된 지목의 부호가 「공」으로 표기되어 있어, 분석 대상부동산의 지목을 공장용지로 확인·판단하였다.
㉪ 용수 또는 배수를 위하여 일정한 형태를 갖춘 인공적인 수로·둑 및 그 부속시설물의 부지와 자연의 유수가 있거나 있을 것으로 예상되는 소규모 수로부지를 공간정보의 구축 및 관리 등에 관한 법령상의 지목인 하천으로 확인·판단하였다.
㉫ 표본지는 지가의 공시를 위해 가치형성요인이 같거나 유사하다고 인정되는 일단의 토지 중에서 선정한 토지이다.
㉬ 공한지는 특정의 지점을 기준으로 한 택지이용의 최원방권의 토지이다.

① 1개 ② 2개 ③ 3개
④ 4개 ⑤ 5개

02 토지의 분류 및 용어에 관한 설명으로 옳은 것은? 2021·2023년 감정평가사
① 필지는 법률적 개념으로 다른 토지와 구별되는 가격수준이 비슷한 일단의 토지이다.
② 획지(劃地)는 하나의 필지 중 일부에 대해서도 성립한다.
③ 나지는 「건축법」에 의한 건폐율·용적률 등의 제한으로 인해 한 필지 내에서 건축하지 않고 비워둔 토지이다.
④ 표본지는 지가의 공시를 위해 가치형성요인이 같거나 유사하다고 인정되는 일단의 토지 중에서 선정한 토지이다.
⑤ 공한지는 특정의 지점을 기준으로 한 택지이용의 최원방권의 토지이다.

🔔 **문제풀이 TIP**

1. 지목에 따른 분류(공간정보의 구축 및 관리 등에 관한 법령상 28개의 지목)
   💡 **암기법**: 장차 천원 (공장용지, 주차장, 하천, 유원지)

   > 전(田), 답(畓), 과수원(과), 목장용지(목), 임야(임), 광천지(광), 대(垈), 공장용지(장), 염전(염), 학교용지(학) 주유소용지(주), 창고용지(창), 도로(도), 철도용지(철), 제방(제), 구거(구), 유지(유), 양어장(양), 수도용지(수), 공원(공), 체육용지(체), 종교용지(종), 사적지(사), 묘지(묘), 잡종지(잡), 주차장(차), 하천(천), 유원지(원)

   💡 **암기법**: 제천 양념 차철수 묘 답 주구장창 잡종과목 전공 원광체대 유도학사임

   제천에 살던 애가 이름이 차철수야. 안끼는 데가 없어. 우리가 양념이라고 불러여. 호가 **양념 차철수임** 좋은 호임. 일찍 죽었는데 **묘지에 답**이 있어 **주구장창 잡종과목**만 **전공**했어. 국영수 못했어. 결국은 **원광체대**쪽으로 가서 **유도학사임**. 유도학사가 되었더라.

   > 제천에 살고 있는: **제방** / 하천
   > 양념 차철수: **양어장** / **염전** / **주차장** / **철도용지** / **수도용지**
   > 묘지에 있는 답: **묘지** / **답**
   > 주구장창: **주유소용지** / **구거** / **공장용지** / **창고용지**
   > 잡종과목전공: **잡종지** / **종교용지** / **과수원** / **목장용지** / **전** / **공원**
   > 원광체대: **유원지** / **광천지** / **체육용지** / **대**
   > 유도학사임: **유지** / **도로** / **학교용지** / **사적지** / **임야**

   ▶ 사찰용지, 유적지, 저수지, 택지, 대지, 주택용지, 선로용지, 항만용지 ✕

   (1) **제방**: 조수 · 자연유수(自然流水) · 모래 · 바람 등을 막기 위하여 설치된 방조제 · 방수제 · 방사제 · 방파제 등의 부지
   (2) **구거**: 용수(用水) 또는 배수(排水)를 위하여 일정한 형태를 갖춘 인공적인 수로 · 둑 및 그 부속시설물의 부지와 자연의 유수(流水)가 있거나 있을 것으로 예상되는 소규모 수로부지
   (3) **유지(溜池)**: 물이 고이거나 상시적으로 물을 저장하고 있는 댐 · 저수지 · 소류지(沼溜地) · 호수 · 연못 등의 토지와 연 · 왕골 등이 자생하는 배수가 잘 되지 아니하는 토지

2. 토지 용어
   (1) 택지(**건축가능, 주 · 상 · 공**) - 건축 이용중(건부지), 건축 이용가능(나지)
       부지(건축가능 + 건축불가, **넓은** 의미, **바닥토지**)
   (2) 필지(**지번, 등기 · 등록, 법적**), 획지(**가격수준, 경제적**)
   (3) **일단지**: 용도상 불가분, 2필지 이상 일단의 토지
   (4) 후보지(**상호간**), 이행지(**내에서**)는 '전환되는 **과정**'의 토지이다.(전환된 토지 ✕)
   (5) 대지(좁은 접속면, 자루모양, 허가 ○), 맹지(접속면 ✕, 허가 ✕)
   (6) **건부감가**(원칙): 나지(건물 ✕, **공법** ○, 사법 ✕, 지목 대(垈)일 필요 없음) > 건부지
   (7) **건부증가**(예외): 개발제한구역의 지정, 건폐율 또는 용적률의 '**강화**' 결정
   (8) 공지(**건폐율, 비워둔, 남겨 놓은**), 공한지(도시 토지, **방치**)
   (9) 휴한지(정상적으로 **쉬게**), 유휴지(바람직 ✕, **놀리는**)
   (10) 법지(**법률적 소유권** ○, 이용가치 ✕), 빈지(법적 소유권 ✕, **이용가치** ○)

(11) **포락지**: 지적공부에 **등록된** 토지가 수면 밑으로 잠긴
(12) 한계지는 특정의 지점을 기준으로 한 택지이용의 최원방권의 토지이다.
(13) **표준지**: **지가의 공시**를 위해 가치형성요인이 같거나 유사하다고 인정되는 일단의 토지 중에서 선정한 토지
(14) **표본지**: **지가변동률 조사·산정**대상 지역에서 행정구역별·용도지역별·이용상황별로 지가변동을 측정하기 위하여 선정한 대표적인 필지

---

03 토지에 관한 설명으로 옳지 않은 것은? 감정평가사 36회

① "토지의 표시"란 지적공부에 토지의 소재·지번(地番)·지목(地目)·면적·경계 또는 좌표를 등록한 것을 말한다.
② "지번"이란 필지에 부여하여 지적공부에 등록한 번호를 말한다.
③ "토지의 이동(異動)"이란 홍수나 산사태 등으로 인해 토지의 지형이 변경된 것을 말한다.
④ "합병"이란 지적공부에 등록된 2필지 이상을 1필지로 합하여 등록하는 것을 말한다.
⑤ "분할"이란 지적공부에 등록된 1필지를 2필지 이상으로 나누어 등록하는 것을 말한다.

🏠 **문제풀이 TIP**

공간정보의 구축 및 관리 등에 관한 법률 제2조
③ "토지의 이동(異動)"이란 토지의 표시를 새로 정하거나 변경 또는 말소하는 것을 말한다.

04 부동산권리분석 활동을 위한 자료의 조사·확인 및 분석에 관한 설명으로 옳지 않은 것은?

감정평가사 36회

① 「공간정보의 구축 및 관리 등에 관한 법령」상 지적도에 기재된 분석대상 부동산의 지목이 '공'으로 표기되어 있어, 지목을 공원으로 판단하였다.
② 구거는 용수(用水) 또는 배수(排水)를 위하여 일정한 형태를 갖춘 인공적인 수로·둑 및 그 부속시설물의 부지와 자연의 유수(流水)가 있거나 있을 것으로 예상되는 소규모 수로부지로 지적도에는 '구'로 표기한다.
③ 유지(溜池)는 자연의 유수(流水)가 있거나 있을 것으로 예상되는 토지로 지적도에는 '유'로 표기한다.
④ 건물의 소재지, 구조, 용도 등의 사실관계를 건축물대장을 통하여 확인·판단하였다.
⑤ 권리분석보고서에는 대상부동산 및 의뢰인, 권리분석의 목적, 판단결과의 표시 및 이유, 권리분석의 방법 및 성격, 수집한 자료의 목록 및 면책사항 등이 포함된다.

🏠 문제풀이 TIP

③ 유지(溜池)는 물이 고이거나 상시적으로 물을 저장하고 있는 댐·저수지·소류지(沼溜地)·호수·연못 등의 토지와 연·왕골 등이 자생하는 배수가 잘 되지 아니하는 토지로 지적도에는 '유'로 표기한다. 하천은 자연의 유수(流水)가 있거나 있을 것으로 예상되는 토지로 지적도에는 '천'으로 표기한다.

테마 04 주택의 유형

01 주택의 유형에 관한 설명으로 옳은 것은?

① 연립주택은 주택으로 쓰는 1개 동의 바닥면적 합계가 660m² 이하이고, 층수가 4개 층 이하인 주택이다.
② 다가구주택은 주택으로 쓰는 층수(지하층은 제외)가 3개 층 이하이며, 19세대 이하 1개 동의 바닥면적(부설주차장 면적 제외)이 330m² 이하인 공동주택이다.
③ 다세대주택은 주택으로 쓰는 1개 동의 바닥면적 합계가 330m² 이하이고, 층수가 5개 층 이하인 주택이다.
④ 다중주택은 학생 또는 직장인 등 다수인이 장기간 거주할 수 있는 구조로서, 독립된 주거형태가 아니며 바닥면적 합이 660m² 이하, 층수가 3개 층 이하인 주택이다.
⑤ 도시형 생활주택은 350세대 미만의 국민주택규모로 대통령령으로 정하는 주택으로 단지형 연립주택·단지형 다세대주택·아파트형 주택 등이 있다.

문제풀이 TIP

1. 주택의 분류(건축법령상의 주택)

	단독주택	다중주택	다가구주택	공관
단독주택	1세대 1가구	• 독립주거형태가 아닐 것 학생, 직장인 • 주택: 3개 층 이하 • 바닥면적 합: 660m² 이하	• 주택: 3개 층 이하 • 바닥면적 합: 660m² 이하 • 세대수: 19세대 이하	
	아파트	연립주택	다세대주택	기숙사 공장 임대형 20실 이상
공동주택	주택 5개 층 이상	• 주택: 4개 층 이하 • 바닥면적의 합: 660m² 초과	• 주택: 4개 층 이하 • 바닥면적의 합: 660m² 이하	

2. 주택의 분류
   (1) 단독주택의 종류(4가지)와 공동주택의 종류(4가지)를 구분할 것
   (2) 다가구주택은 단독주택이지만 다세대주택은 공동주택이라는 점에 유의
   (3) 4개 층 이하(연립, 다세대), 3개 층 이하(다가구, 다중), 660m²(연립, 다세대, 다가구, 다중)
   (4) **5개 층** 이상은 **아파트**만, **초과**는 **연립주택**만, 독립주거형태가 아닐 것. 다중만, 19세대 이하 다가구
   (5) 도시형 생활주택은 **300세대 미만**이라는 점을 기억할 것
       도시형 생활주택은 300세대 미만의 국민주택규모로 대통령령으로 정하는 주택으로 단지형 연립주택·단지형 다세대주택·아파트형 주택 등이 있다.
   (6) **준주택**이란 **주택 외의 건축물**과 그 부속토지로서 **주거시설로 이용가능한** 시설 등을 말하며, 그 범위와 종류는 대통령령으로 정한다.
       노오기다: **노**인복지주택·**오**피스텔·**기**숙사·**다**중생활시설이 있다.
       '주택 외'에서 몸을 '노오기다' (2023년 감평: 생활숙박시설 ×)
   (7) **세대구분형 공동주택**이란 **공동주택의 주택 내부 공간의 일부를 세대별로 구분**하여 생활이 가능한 구조로 하되, 그 구분된 공간의 일부를 구분소유 할 수 **없는** 주택으로서 대통령령으로 정하는 건설기준, 설치기준, 면적기준 등에 적합한 주택을 말한다.

암기법

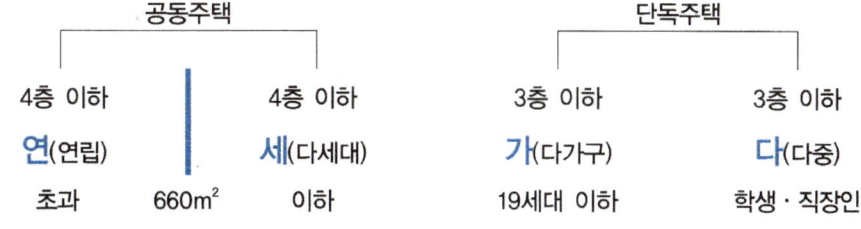

암기법: 동생 삼백이는 연세대 아파트형 주택에 산다.

테마 05 부동산의 특성

01 부동산의 특성에 관한 설명 중 옳은 것은?
① 토지의 영속성은 부동산시장을 국지화시키는 역할을 한다.
② 영속성이 있으므로 장기투자를 통해 자본이득과 소득이득을 얻을 수 있다.
③ 부증성으로 인해 토지이용이 점차 조방화되는 경향이 있다.
④ 부동성은 부동산 간 비교를 어렵게 하고, 상품 간 대체관계를 제약하며, 부동산활동을 개별화·구체화·독점화 한다.
⑤ 부증성은 소모를 전제로 하는 재생산이론을 토지에 적용할 수 없게 한다.

02 부동산의 특성에 관한 기술이다. 옳은 것은?
① 부동성은 소유이익과 사용이익의 분리 및 임대차시장의 발달 근거가 된다.
② 공유수면을 매립하여 택지조성이 가능하며, 이것은 부증성의 예외로 물리적 공급의 증가에 해당한다.
③ 토지는 비생산성 때문에 개별 용도의 관점에서도 공급을 증가시킬 수 없다.
④ 영속성은 토지의 재고시장과 관련하여 저량분석도 하여야 하는 것과 밀접한 관련이 있는 특성이다. 토지는 물리적인 측면에서는 영속성을 가지나, 경제적 가치는 주변상황의 변화에 의하여 하락될 수 있다.
⑤ 외부효과 또는 지역분석의 근거가 되는 토지의 특성은 개별성과 영속성이다. 부동성으로 인해 부동산활동을 국지화시키고 임장활동을 배제한다.

03 토지의 자연적·인문적 특성에 관한 설명으로 옳지 않은 것은? 2017·2019년 감정평가사
① 부동성(위치의 고정성)으로 인해 외부효과가 발생한다.
② 분할·합병의 가능성은 용도의 다양성을 지원하는 특성이 있다.
③ 용도의 다양성은 토지용도 중에서 최유효이용을 선택할 수 있는 근거가 된다.
④ 일반적으로 부증성은 집약적 토지이용과 가격급등 현상을 일으키기도 한다.
⑤ 토지의 인문적 특성 중에서 도시계획의 변경, 공업단지의 지정 등은 위치의 가변성 중 사회적 위치가 변화하는 예이다. 영속성은 토지관리의 필요성을 높여 감정평가에서 원가방식의 이론적 근거가 된다.

04 토지의 특성과 감정평가에 관한 내용이다. ( )에 들어갈 것으로 옳은 것은?

감정평가사 35회

- (㉠)은 장래편익의 현재가치로 평가하게 한다.
- (㉡)은 원가방식의 평가를 어렵게 한다.
- (㉢)은 개별요인의 분석과 사정보정을 필요하게 한다.

① ㉠: 영속성, ㉡: 부증성, ㉢: 개별성
② ㉠: 개별성, ㉡: 영속성, ㉢: 부동성
③ ㉠: 영속성, ㉡: 개별성, ㉢: 부증성
④ ㉠: 부증성, ㉡: 영속성, ㉢: 개별성
⑤ ㉠: 영속성, ㉡: 개별성, ㉢: 부동성

🏠 문제풀이 TIP

▶ 토지의 자연적 특성: 물리적 ~ 불가능 | 토지의 인문적 특성: 경제적(용도적) ~ 가능

1. 부동성: **국지화**, **외부효과 · 지역분석**(인접성), **임장 · 정보활동**, 부동산 조세수입의 근거, 동산 vs 부동산의 구분
2. 영속성: 감가상각이 배제, **재생산이론 배제**, **임대차 · 재고시장**, 가치**보존력**, 투자재 선호, **장기, 장래, 예측**, 수익환원법의 근거
3. 부증성: 생산**비**법칙 배제, 희소성, **집약적**이용, 수급조절 곤란, 균형가격형성 곤란, **물리적 공급곡선 수직**, 사회성 · 공공성, 토지**공개념**, **수요자경쟁**, 지대 및 지가의 발생, 소유욕구 증대, 부증성의 예외 ×
4. 개별성: **일물일가법칙 배제**, **개별화 · 구체화 · 독점화**, **개별분석**, 원리 · 이론도출 **곤란**, 비교곤란, 부동산시장(거래**비**공개성, 상품**비**표준화성, 시장**비**조직성), 완전한 대체불가
5. 인접성: 개발이익 환수의 근거, **외부효과 · 지역분석**(부동성), **용도**면에서 **대체가능성**(인근지역)
6. 용도의 다양성: **최유효이용**, 경제적 공급, 용도전환, 가격다원설, 적지론
7. 고가성: 시장 진퇴 **곤란**, 소수의 판매자와 구매자, **부채의 필요성**(부동성 ×)
8. 생산비법칙 ×: 부증성, **재생산이론 ×**: 영속성, **일물일가의 법칙 ×**: 개별성
9. **지역~**: 부동성 | **개별~**: 개별성 | **장기 · 장래 · 예측**: 영속성
10. 수급조절의 곤란(부증성), **지역 간 또는 부분시장 간 수급의 불균형**(부동성)
11. **임대차 · 재고시장**: 영속성

테마 06   부동산의 속성, 공간으로서의 부동산

01 공간으로서의 부동산에 관한 설명으로 옳지 않은 것은? 2020년 감정평가사

① 토지는 물리적 형태로서의 지표면과 함께 공중공간과 지하공간을 포함한다.
② 부동산활동은 3차원의 공간활동으로 농촌지역에서는 주로 지표공간이 활동의 중심이 되고, 도시지역에서는 입체공간이 활동의 중심이 된다.
③ 지표권은 토지소유자가 지표상의 토지를 배타적으로 사용할 수 있는 권리를 말하며, 토지와 해면과의 분계는 최고만조시의 분계점을 표준으로 한다.
④ 지중권 또는 지하권은 토지소유자가 지하공간으로부터 어떤 이익을 획득하거나 사용할 수 있는 권리를 말하며, 물을 이용할 수 있는 권리가 이에 포함된다.
⑤ 공적 공중권은 일정 범위 이상의 공중공간을 공공기관이 공익목적의 실현을 위해 사용할 수 있는 권리를 말하며, 항공기 통행권이나 전파의 발착권이 이에 포함된다.

🏠 **문제풀이 TIP**

물을 이용할 수 있는 권리는 지하권(지중권)이 아니라 지표권의 내용에 포함된다.

- **물에 관한 권리**(물을 이용할 권리, 용수권)
  : 지표권의 일부인 물에 관한 권리는 물에 대한 소유권이 아니라 '물을 이용할 권리'를 말한다.
- **공간적 범위**: 지표권, 지하권, 공중권(사회통념으로 판단, 구체적 해석은 법원판단에 의존)
  한계고도의 구체적인 범위는 법률로 정하지 않고 있다. 2023년 감정평가사

소유권이 미치는 범위	소유권이 미치지 않는 범위
① 토지에 독립성이 **없는** 부착물(종속)	① 토지에 독립성이 **있는** 부착물(독립-4)
② 사적 공중권: **일조권·조망권, 용적률, TDR**	② 공적 공중권: 항공권, 전파권
③ 사적 지하권: **지하수**	③ 공적 지하권: 미채굴광물
④ 한계심도 **이내**: **보상** ○	④ 한계심도 **아래**: **보상** ×

02 부동산소유권의 사적 제한에 해당하는 것은? 감정평가사 36회

① 지역권   ② 귀속권   ③ 과세권   ④ 수용권   ⑤ 경찰권

🏠 **문제풀이 TIP**

②, ③, ④, ⑤ 부동산소유권의 공적 제한에 해당한다.

☑ **부동산소유권의 제한**

1. 사적 제한: 저당권, 유치권, 지역권, 제한특약
2. 공적 제한: 경찰권, 수용권, 과세권, 귀속권

테마 07 | 한국표준산업분류(KSIC)에 따른 부동산업의 세분류

01 한국표준산업분류(KSIC)에 따른 부동산업의 세분류 항목으로 옳지 않은 것은?

2020년 감정평가사

① 주거용 건물 건설업
② 부동산 임대업
③ 부동산 개발 및 공급업
④ 부동산 관리업
⑤ 부동산 중개, 자문 및 감정평가업

🏠 문제풀이 TIP

☑ 우리나라 한국표준산업분류에 따른 부동산업의 분류

대분류	중분류	소분류	세분류
부동산업	부동산 임대 및 공급업	부동산임대업	• 주거용 건물임대업 • 비주거용 건물임대업 • 기타 부동산임대업
		부동산개발 및 공급업	• 주거용 건물 개발 및 공급업 • 비주거용 건물 개발 및 공급업 • 기타 부동산개발 및 공급업
	부동산 관련 서비스업	부동산관리업	• 주거용 부동산관리업 • 비주거용 부동산관리업
		부동산중개, 자문 및 감정평가업	• 부동산 중개 및 대리업 • 부동산 투자자문업 • 부동산 감정평가업 • 부동산 분양 대행업

💡 **암기법**: **감자**먹는 **관중분**(부동산 관련 **서비스업**)분은 **개공임**(부동산임대 및 공급업)
관중에게 감자를 서비스로

- 부동산업(×): 투자업, 금융업, 자문 및 중개업, 주거용 건물 건설업, 기타 부동산 관리업
- 부동산업(○): 투자자문업, 중개 및 대리업

Chapter 02 부동산 경제론

> **테마 08** 유량과 저량

01 다음 중 저량(stock)의 경제변수는 모두 몇 개인가?

> ㉠ 주택재고량, 주택보급률, 재산
> ㉡ 건물 임대료 수입, 월 임대료 수입, 연간 이자비용(부채서비스액)
> ㉢ 가계의 자산, 부동산투자회사의 순자산가치, 실물자산, 지가, 부채, 자본
> ㉣ 근로자의 임금, 순영업소득, 부동산관리자 월 급여, 가계소득
> ㉤ 도시인구규모, 통화량
> ㉥ 신규주택공급량
> ㉦ 지대수입
> ㉧ 주택거래량, 아파트 생산량
> ㉨ 부동산회사의 당기순이익

① 2개　　　　② 3개　　　　③ 4개
④ 5개　　　　⑤ 6개

🏠 문제풀이 TIP

1. 유량(flow, 일정**기간**)과 저량(stock, 일정**시점**)
   (1) 유량 : 임대료(지대), 소득·수익, 주택거래량, **신규**주택공급량, 저량, 인구**변동분**, 장기
   (2) 저량 : 가격(가치, 지가), 인구, 재산, 자산(자본, 부채), 주택**재고량**, 단기, 주택보급률, 통화량
   ☼ 암기법 : 저는 재자가 부인 단기 급 통(저량)
   　　　　　 유 변신장소 거기임(유량)

> 테마 09 수요량의 변화와 수요의 변화

01 아파트에 대한 수요의 변화 요인과 수요량의 변화 요인이 옳게 묶인 것은?

	수요의 변화	수요량의 변화 요인
①	아파트 건축비의 하락	아파트 가격의 상승
②	택지공급의 증가	이자율의 하락
③	가구 수의 증가	아파트 가격상승 예상
④	소득수준의 증가	인구증가
⑤	단독주택 가격의 하락	아파트 임대료 하락

02 다음 중 수요이론에 대한 설명으로 옳은 것은?
① 수요법칙은 해당재화의 가격(임대료)변화에 따른 수요량의 변화와의 관계를 말하며, 수요곡선은 우상향의 형태이다.
② 부동산 수요는 반드시 구매력을 수반한 유효수요이어야 한다.
③ 어떤 재화의 가격이 상승했을 때 그 재화의 수요량이 감소하고, 다른 재화의 수요량이 증가하는 것을 소득효과라고 한다.
④ 수요곡선상에서 점이 이동하는 것은 '수요의 변화' 때문이다.
⑤ 대체재의 가격하락은 수요곡선상의 점을 이동시킨다.

🏠 문제풀이 TIP

1. 수요의 개념 : 유량(일정기간), 사전적(하고자 하는), 유효수요(의사 + **구매력**)
2. **수요량의 변화** : 해당재화 **가격(임대료), 곡선상 점의 이동**
3. **수요의 변화** : 해당재화 **가격(임대료) 이외, 곡선 자체의 이동**(증가 - 우측 이동, 감소 - 좌측 이동)
4. **대체재·보완재가격, 가격예상** : 수요의 변화요인, 수요 **곡선자체의 이동**
5. **생산요소가격(생산비), 생산기술** : **공급만** 변화(수요변화 ×)
6. 소득효과(**한 재화, 실질소득**), 대체효과(**한 재화, 다른 재화**)

✿ 암기법 : 수요량의 변화 : 해당가격·상·점: ✿ 암기법 [양 선상님('선생님'의 방언) 점 가격]

테마 10   수요와 공급의 변화

01 아파트매매시장에서 수요와 공급의 변화에 관한 설명으로 옳은 것은? (단, x축은 수량, y축은 가격이고, 아파트와 단독주택은 정상재이며, 다른 조건은 동일함)

① 아파트가격 하락이 예상되면 수요량의 변화로 동일한 수요곡선상에서 하향으로 이동하게 된다.
② 수요자의 소득이 변하여 수요곡선 자체가 이동하는 경우는 수요량의 변화에 해당한다.
③ 대체재인 단독주택의 가격이 상승하면 아파트의 수요곡선은 우상향으로 이동하게 된다.
④ 아파트 담보대출 금리가 하락하면 수요량의 변화로 동일한 수요곡선상에서 상향으로 이동하게 된다.
⑤ 건축비의 하락 등 생산요소 가격의 하락은 아파트공급곡선을 좌상향으로 이동시킨다.

🏠 문제풀이 TIP

수요의 증가요인	구 분	공급의 증가요인
① **소득의 증가** ② **선호의 증가** ③ **인구의 증가**	고유 요인	① **생산비의 하락** ② **생산기술의 발달** ③ 매도자수의 증가
④ 소비자의 가격 **상승** 예상 ⑤ 대체재의 가격 **상승** ⑥ 보완재의 가격 **하락**		
⑦ 금리의 **인하** ⑧ 공적규제의 **완화**	동일 방향	⑦ 금리의 **인하** ⑧ 공적규제의 **완화**

| 테마 11 | 수요의 소득탄력성, 수요의 교차탄력성 |

01 A부동산은 소득이 10% 감소할 때 수요가 20% 감소하였다. 또한 A부동산의 가격이 5% 상승할 때, B부동산의 수요는 10% 증가하고 C부동산의 수요는 5% 감소한다. A부동산은 어떤 재화이며, A와 B, A와 C 간의 관계는?

	A	A와 B의 관계	A와 C의 관계
①	열등재	대체재	보완재
②	열등재	정상재	열등재
③	대체재	열등재	정상재
④	보완재	열등재	정상재
⑤	정상재	대체재	보완재

🔔 문제풀이 TIP

1. 수요의 **소득탄력성** = $\dfrac{수요량의 변화}{소득의 변화}$, (+)**정상재**, (−)**열등재**, (0)**중간재**

2. 수요의 **교차탄력성** = $\dfrac{Y재\ 수요량의\ 변화}{X재\ 가격의\ 변화}$, (+)**대체재**, (−)**보완재**, (0)**독립재**

✿ **암기법** : 여보 이번달도 (−)야, 대가리에 뿔달린 보마
1. 대체재 **가격상승** − **수요증가**, 대체재 **가격하락** − **수요감소** (교차 +)
2. 보완재 **가격상승** − **수요감소**, 보완재 **가격하락** − **수요증가** (교차 −)

테마 12　균형의 이동

01　아파트시장의 균형가격과 균형거래량의 변화에 관한 설명으로 옳은 것은?
① 공급이 불변이고 수요가 감소하는 경우, 균형가격은 하락하고 균형량은 증가한다.
② 수요의 증가가 공급의 증가보다 큰 경우, 균형가격은 하락하고 균형량도 증가한다.
③ 균형상태인 시장에서 건축원자재의 가격이 하락하면 균형거래량은 감소하고 균형가격은 하락한다.
④ 수요증가와 공급증가의 폭이 같다면, 균형가격은 불변하고 균형량은 증가한다.
⑤ 수요가 증가하고 공급이 감소하면, 균형가격은 알 수 없고 균형량은 증가한다.

02　다음은 부동산시장에서의 균형의 변동에 관한 설명이다. 옳은 것은?
① 수요가 완전비탄력적인 경우 공급이 증가하면, 가격은 불변하고 거래량은 증가한다.
② 공급이 완전탄력적인 경우 수요가 감소하면, 가격은 일정하고 거래량은 증가한다.
③ 기술의 개발로 부동산 공급이 증가하는 경우 수요의 가격탄력성이 작을수록 균형가격의 하락폭은 커지고, 균형량의 증가폭은 작아진다.
④ 수요가 증가할 때 공급의 가격탄력성이 탄력적일수록 가격이 더 크게 상승한다.
⑤ 부동산의 공급이 탄력적일수록 수요증가에 따른 가격변동의 폭이 크다.

🔷 문제풀이 TIP

1. **수요증가**, 공급불변(**가격↑**, **량↑**), **수요감소**, 공급불변(**가격↓**, **량↓**)
2. **공급증가**, 수요불변(**가격↓**, **량↑**), **공급감소**, 수요불변(**가격↑**, **량↓**)
3. 수요와 공급이 동일방향으로 움직이면, **가격은 알 수 없고 량은 알 수 있다**.
4. 수요와 공급이 반대방향으로 움직이면, 가격은 알 수 있고 **량은 알 수 없다**.
5. '**크다면**'이 나오면 **큰 것만 본다**. '**같다면**'이 나오면 **몰랐던 게 불변**이다.
6. 한쪽이 완전탄력적인 경우 기울기가 수평이므로 **가격이 불변**이다.
7. 한쪽이 완전비탄력적인 경우 기울기가 수직이므로 **거래량이 불변**이다.
8. 한놈이 변화할 때 다른 한놈이 탄력적이거나 비탄력적이 나오면, '더', '덜'이 나온다.
9. **탄력적인 경우** 기울기가 **완만하므로 가격은 '덜'** 변하고, **량은 '더'** 변한다.
10. **비탄력적인 경우** 기울기가 **가파르므로 가격은 '더'** 변하고, **량은 '덜'** 변한다.

테마 13 | 균형의 계산 26·28·30·31·32·33·34·35회

01 다음의 (　)에 들어갈 내용으로 옳은 것은?

> A. 어떤 도시의 임대주택 시장의 수요함수는 Qd = 800 − 2P, 공급함수는 P_1 = 200이다. 공급함수가 P_2 = 300으로 변할 경우 균형거래량의 변화량은 (㉠)이고, 공급곡선은 가격에 대하여 (㉡)이다.
>
> B. 어떤 도시의 임대주택 시장의 공급함수는 Qs = 300, 수요함수는 Qd_1 = 500 − 2P이다. 수요함수가 Qd_2 = 450 − 2P로 변할 경우 균형가격의 변화량은 (㉢)이고, 공급곡선은 가격에 대하여 (㉣)이다.

	㉠	㉡	㉢	㉣
①	200 감소	완전탄력적	25 하락	완전비탄력적
②	200 감소	완전비탄력적	25 하락	완전탄력적
③	200 증가	완전탄력적	25 상승	완전비탄력적
④	200 증가	완전비탄력적	25 상승	완전탄력적
⑤	200 감소	단위탄력적	25 하락	단위탄력적

🔑 문제풀이 TIP

1. Qd = Qs 만들어 P(균형가격)를 구한다. P를 대입하여 Q(균형량)를 구한다.
2. P = 200 수평, 완전탄력적
3. Q = 300 수직, 완전비탄력적

A.

Q_d = 800 − 2P

(P_1 = 200 대입)　　　　　　　(P_2 = 300 대입)
최초의 균형　　　　　　　　　변화된 균형
Qd = 800 − 2P　　　　　　　　Qd = 800 − 2P
Qd = 800 − 400　　　　　　　 Qd = 800 − 600
Qd = 400　　　　　　　　　　 Qd = 200

1. 균형거래량은 400에서 200으로 변화: 200 감소
2. P = 200, P = 300에서 수평, 완전탄력적

핵심 'P =' 기울기 수평, 탄력성 완전탄력적

B.

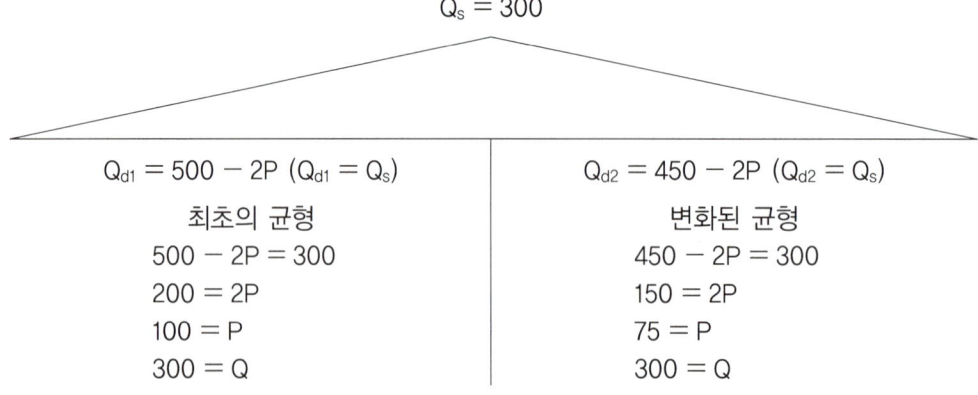

$Q_{d1} = 500 - 2P$ ($Q_{d1} = Q_s$)	$Q_{d2} = 450 - 2P$ ($Q_{d2} = Q_s$)
최초의 균형	변화된 균형
$500 - 2P = 300$	$450 - 2P = 300$
$200 = 2P$	$150 = 2P$
$100 = P$	$75 = P$
$300 = Q$	$300 = Q$

1. 균형가격은 100에서 75로 변화: **25 하락**
2. Q = 300, Q = 300에서 **수직, 완전비탄력적**

핵심 'Q =' 기울기 **수직**, 탄력성 **완전비탄력적**

---

02 A지역 아파트시장의 기존 수요함수는 $2P = -Qd + 400$, 공급함수는 $P_1 = Qs_1 + 20$이었다. 이후 수요함수는 변하지 않고 공급함수가 $P_2 = Qs_2 + 80$으로 변하였다. 다음 설명으로 옳은 것은? (단, X축은 수량, Y축은 가격, P는 가격(단위: 만원/m²), Qd는 수요량(단위: m²), Qs 는 공급량(단위: m²)이며, 다른 조건은 동일함) 감정평가사 36회

① 아파트 공급량의 증가에 따라 공급곡선이 좌측(좌상향)으로 이동한다.
② 기존 아파트시장의 균형가격은 120만원/m²이다.
③ 공급함수 변화 이후, 아파트시장의 균형거래량은 160m²이다.
④ 공급함수 변화 이후, 아파트시장의 균형가격은 20만원/m² 만큼 감소한다.
⑤ 공급함수 변화 이후, 아파트시장의 균형거래량은 40m² 만큼 감소한다.

🔷 **문제풀이 TIP**

아파트 공급이 감소하여 균형가격은 20만원/m² 상승(140 ⇨ 160), 균형량은 40m² 감소(120 ⇨ 80)한다.
① 아파트 공급의 감소에 따라 공급곡선이 좌측(좌상향)으로 이동한다.
② 기존 아파트시장의 균형가격은 140만원/m²이다.
③ 공급함수 변화 이후, 아파트시장의 균형거래량은 80m²이다.
④ 공급함수 변화 이후, 아파트시장의 균형가격은 20만원/m² 만큼 상승한다.

- 기존시장: $Qd = 400 - 2P$, $Qs_1 = P - 20$
- 새로운 시장: $Qd = 400 - 2P$, $Qs_2 = P - 80$

기존 균형 (Qd = Qs)	이후 균형 (Qd = Qs)
$400 - 2P = P - 20$	$400 - 2P = P - 80$
$420 = 3P$	$480 = 3P$
$140 = P$	$160 = P$
$120 = Q$	$80 = Q$

테마 14   개별수요, 시장수요 32회

01 시장수요함수는 P = 200 − 4Qd이며, 이 시장의 수요자는 모두 동일한 개별수요함수를 갖는다. 이 시장의 수요자 수가 2배로 된다면 새로운 시장수요함수는? (단, 새로운 시장수요량은 Q_M으로 표기한다)

① $P = 100 - 4Q_M$
② $P = 100 - 2Q_M$
③ $P = 100 - 8Q_M$
④ $P = 200 - 4Q_M$
⑤ $P = 200 - 2Q_M$

🏠 문제풀이 TIP

1. 'P = 200 −'까지는 똑같이, '4'를 2배로 나누어 새로운 수요함수 구한다.(2배 증가)

테마 15   탄력성 계산 26·27·28·29·30·32·33·35회

01 아파트에 대한 수요의 가격탄력성은 0.6, 소득탄력성은 0.4이고, 오피스텔가격에 대한 아파트 수요량의 교차탄력성은 0.5이다. 아파트가격, 아파트 수요자의 소득, 오피스텔가격이 각각 3%씩 상승할 때, 아파트 전체 수요량의 변화율은? (단, 두 부동산은 모두 정상재이고 서로 대체재이며, 아파트에 대한 수요의 가격탄력성은 절댓값으로 나타내며, 다른 조건은 동일함)

① 0.9% 감소
② 0.9% 증가
③ 1.2% 감소
④ 1.2% 증가
⑤ 변화

🏠 문제풀이 TIP

전체수요량 변화율은 −1.8% + 1.2% + 1.5% = +0.9%, 따라서 수요량은 0.9%가 증가된다.

1. 수요의 가격탄력성 = $\left| \dfrac{\text{수요량의 변화율(1.8\% 감소)}}{\text{가격의 변화율(3\% 상승)}} \right|$ = 0.6

2. 수요의 소득탄력성 = $\dfrac{\text{수요량의 변화율(1.2\% 증가)}}{\text{소득의 변화율(3\% 증가)}}$ = 0.4

3. 수요의 교차탄력성 = $\dfrac{\text{Y재 수요량의 변화율(1.5\% 증가)}}{\text{X재 가격의 변화율(3\% 상승)}}$ = 0.5

02 A가격이 8% 상승함에 따라 B의 수요량이 16% 감소하고 A수요량이 4% 감소한 경우에 A수요의 가격탄력성(A), A수요의 탄력성의 크기(B), B수요의 교차탄력성(C), A와 B의 관계(D)는?

① A : 2   B : 탄력적   C : 0.5   D : 대체재
② A : 0.5   B : 비탄력적   C : -2   D : 보완재
③ A : 0.5   B : 탄력적   C : 0.25   D : 대체재
④ A : 0.5   B : 비탄력적   C : 2   D : 대체재
⑤ A : 2   B : 탄력적   C : 0.25   D : 보완재

🏠 **문제풀이 TIP**

1. 수요의 가격탄력성 = $\left|\dfrac{\text{A재 수요량의 변화율(4\% 감소)}}{\text{A재 가격의 변화율(8\% 상승)}}\right|$ = 0.5, 비탄력적

2. 수요의 교차탄력성 = $\dfrac{\text{B재 수요량의 변화율(16\% 감소)}}{\text{A재 가격의 변화율(8\% 상승)}}$ = -2, 보완재

수요량 -4%	수요량 -16%	• 가격탄력성(A) = -4/8 = 0.5 (절댓값) • (B) 비탄력적 • 교차탄력성(C) = -16/8 = -2 • A와 B의 관계(D) = 수요의 방향이 동일 ⇨ 보완재
가격 +8%		
A	B	

🏠 **문제풀이 TIP**

1. 수요의 가격탄력성 = $\left|\dfrac{\text{수요량의 변화율}}{\text{가격의 변화율}}\right|$ 🔔 암기법 : 가 × 가 = 수

2. 수요의 소득탄력성 = $\dfrac{\text{수요량의 변화율}}{\text{소득의 변화율}}$ 🔔 암기법 : 소 × 소 = 수

3. 수요의 교차탄력성 = $\dfrac{\text{Y재 수요량의 변화율}}{\text{X재 가격의 변화율}}$ 🔔 암기법 : 교 × 가 = 수

03 아파트 가격이 5% 하락함에 따라 아파트의 수요량이 4% 증가, 아파트의 공급량 6% 감소, 연립주택 수요량이 2% 증가하는 경우, (㉠)아파트 공급의 가격탄력성, (㉡)아파트와 연립주택의 관계는? (단, 수요의 가격탄력성은 절댓값이며, 주어진 조건에 한함) 2023년 감정평가사

① ㉠: 탄력적   ㉡: 보완재
② ㉠: 비탄력적   ㉡: 보완재
③ ㉠: 탄력적   ㉡: 대체재
④ ㉠: 비탄력적   ㉡: 대체재
⑤ ㉠: 단위탄력적 ㉡: 대체재

🏠 **문제풀이 TIP**

1. 공급의 가격탄력성 = $\dfrac{\text{공급량의 변화율(6\% 감소)}}{\text{가격의 변화율(5\% 하락)}}$ = 1.2, 탄력

2. 수요의 교차탄력성 = $\dfrac{\text{연립주택 수요량의 변화율(2\% 증가)}}{\text{아파트 가격의 변화율(5\% 하락)}}$ = −0.4, 보완재

   아파트 가격 5% 하락 − 연립주택의 수요량 2% 증가: 보완재

테마 16 수요의 가격탄력성

01 수요의 가격탄력성에 대한 설명 중 가장 옳은 것은?

① 주거용 부동산에 비해 공업용 부동산에서 수요가 더 탄력적이다.
② 수요의 가격탄력성은 일반적으로 대체재가 많을수록(선택의 폭이 넓을수록) 작으며, 적을수록 크다.
③ 수요의 가격탄력성은 지역별·용도별로 세분할 경우 보다 탄력적이 된다.
④ 수요의 가격탄력성이 1보다 작을 경우에 전체수입은 임대료가 상승하더라도 감소한다.
⑤ 용도가 다양할수록, 용도전환이 쉬울수록 수요의 가격탄력성은 작아진다.

🏠 문제풀이 TIP

▶ 수요의 탄력성 결정요인 💡 암기법 : 탄력적인 **대장주세용**

수요 탄력적	수요 비탄력적
① 대체재 **多**, 장기, 부분시장	① 대체재 **少**, 단기, 전체시장
② 용도전환 **용이, 주거용**	② 용도전환 **곤란, 상·공업용**

수입증가 : 수요 ① 탄력적(탄거) : 가격(임대료) 인하
　　　　　　　② 비탄력적(안탄거) : 가격(임대료) 인상
　　　　　　　③ 단위탄력적 : 수입 불변

💡 암기법 : 탄 것은 내리고, 안탄 것은 올려야 총수입 증가
　　　　　제품의 가격이 가계소득에서 차지하는 비중이 클수록 수요의 탄력성이 더 탄력적이다.

2023년 감정평가사

테마 17　공급의 가격탄력성

01 공급의 가격탄력성에 대한 설명 중 가장 옳은 것은?
① 용도 전환이 용이할수록 공급의 임대료탄력성은 더 비탄력적이다.
② 단기공급의 임대료탄력성은 장기공급의 임대료탄력성보다 더 탄력적이다.
③ 생산(공급)에 소요되는 기간이 길수록 공급의 임대료탄력성은 더 탄력적이다.
④ 공급곡선은 신규주택의 경우 비탄력적 경향이 강하고, 기존 주택일수록 탄력적 경향이 강하다.
⑤ 제품(아파트)의 생산량을 늘릴 때 생산요소(철근, 콘크리트, 목수의 임금) 가격이 상승할수록 공급의 임대료탄력성은 더 탄력적이다.

🏠 문제풀이 TIP
1. 공급의 탄력성 : **물리적**(완전비탄력, 수직), **단기**(비탄력, 가파름), **장기**(탄력, 완만)
2. 생산에 **소요되는 기간 장기 공급 비탄력** ｜ 생산에 소요되는 기간 **단기 공급 탄력**
💡 암기법 : 쉬움 − 탄력적, 어려움 − 비탄력적

테마 18 경기변동의 유형

01 경기변동의 유형에 대한 설명으로 가장 옳은 것은?
① 매년 12월에 건축허가량은 줄어드는 현상이 반복적으로 나타나는 것은 순환적 변동에 속한다.
② 건축허가량이 2월을 저점으로 회복기에 접어들게 되는 것은 계절적 변동에 속한다.
③ 봄·가을의 반복적인 주택거래건수 증가는 추세변동요인에 속한다.
④ 학기 중에는 대학가 원룸의 공실이 줄어들고 방학동안 대학가 원룸의 공실이 늘어나는 현상이 발생하는 것은 계절적 변동에 속한다.
⑤ 정부의 담보인정비율(LTV)과 총부채상환비율(DTI)의 규제로 주택경기가 침체되는 것은 순환적 변동에 속한다.

🏠 문제풀이 TIP

1. 순환적 변동 : 경기순환(회복, 상향, 정점, 후퇴, 하향, 저점)
2. 비순환적 변동
   (1) 계절적 변동 : **1년에 한 번씩** 계절적 특성으로 **반복적으로 발생**
   (2) 추세적 변동 : 경제성장으로 건축허가량이 지속적으로 증가하고 있다.
                    50년 이상을 주기로 장기적 변동
   (3) 무작위적 변동 : 예기치 못한 사태, 일시적, **정부정책**

테마 19 | 부동산 경기변동의 특징과 각 국면에 대한 특징

01 다음은 부동산 경기변동에 관한 설명이다. 가장 옳은 것은?
① 부동산경기는 일반경기에 비해 정점이 낮고, 저점이 높다.
② 부동산경기는 저점에 도달하는 기간은 길고, 정점에 도달하는 기간은 짧다.
③ 일반적으로 부동산 경기변동의 주기는 일반 경기변동의 주기보다 길며, 주기의 순환국면은 규칙적이고 명확하다.
④ 부동산경기는 일반경기보다 전순환적일 수는 있지만, 후순환적일 수는 없다.
⑤ 일반적으로 일반경기가 불황이면 주택경기가 활성화되고 상업용·공업용 부동산경기가 침체된다.

02 부동산 경기변동의 각 국면에 대한 특징이다. 가장 옳은 것은?
① 하향시장에서는 매수인 중시 현상이 나타나며, 금리는 높아지고 과거의 사례가격은 새로운 거래의 하한선이 된다.
② 안정시장은 호황에 강한 시장의 유형으로 과거의 사례가격은 신뢰할 수 있는 기준이 되며, 도심지 내 점포나 위치가 좋은 작은 규모의 주택 등이 이에 속한다.
③ 부동산경기는 상향시장 ⇨ 후퇴시장 ⇨ 하향시장 ⇨ 회복시장 ⇨ 안정시장 순으로 순환한다.
④ 후퇴시장에서는 매도자시장에서 매수자시장으로 전환된다.
⑤ 회복시장은 과거의 부동산 사례가격은 새로운 거래의 기준가액이 되거나 상한선이 된다.

🔑 문제풀이 TIP
☑ **부동산경기의 특징**
1. 건축경기(주거용), 주식(전)·상공업용(**동시**), 부동산(후), 주거용(**역**)
2. 주기는 **길고**, 진폭은 **크다**.
3. **불분명, 불명확, 불규칙**(멋대로 – 선행, 동행, 후행, 역행, 독립 **가능**)
4. 회복은 **서서히**, 후퇴는 **빠르게**(우경사 비대칭형)
5. 타성기간 장기, 회복은 **지역적·국지적·개별적인** 현상
6. **회복, 상향시장 : 매도인 중시, 하한선 | 후퇴, 하향시장 : 매수인 중시, 상한선**
7. **안정시장** : 고유, **불황**에 강한, 신뢰, **순환**×, 무관×

테마 20 | 거미집이론 계산 25·27·29·31·32·34회

01 거미집이론에 따라 판단한 결과, 그 모형의 형태가 수렴형을 보이는 경우는 총 몇 개인가?
(단, P는 가격, Qd는 수요량, Qs는 공급량을 의미한다)

> ㉠ 수요의 탄력성 = 1.2, 공급의 탄력성 = 0.2
> ㉡ 수요의 기울기 = −0.4, 공급곡선의 기울기 = 0.7
> ㉢ 수요의 탄력성 = 공급의 탄력성
> ㉣ 수요의 탄력성 = 0.7, 공급의 탄력성 = 1.3
> ㉤ A부동산시장: P = 200 − 3Qd, P = 100 + 4Qs
> ㉥ B부동산시장: P = 400 − 2Qd, 2P = 100 + 4Qs
> ㉦ C부동산시장: Qd = 500 − 2P, 3Qs = −20 + 6P

① 1개　　② 2개　　③ 4개
④ 3개　　⑤ 5개

🏠 **문제풀이 TIP**

☑ **거미집 모형** 34회 이론

① 균형의 이동을 비교동학(동태)적(결론에 이르는 과정을 분석)으로 설명한다.
　☆ 암기법: 거미를 동태
② 가격이 변하면 **수요량은 즉각** 변하고 공급량(**공급은 시차**)은 일정기간 후에 변한다.
③ 공급자는 현재의 가격을 고려해 미래의 공급을 결정한다는 가정을 전제하고 있다.

　수요공급 함수: 기울기 = $\dfrac{\Box Q}{\Box P}$ ⇨ **기울기, 분자에 큐**

$2Q_{S1} = 30 + P$(**전**) ⇨ $Q_{S1} = 30 + P$(**후**)로 변함
⇨ 기울기 변화: [1] 만큼 감소

> 수요공급 함수: 거미집이론 전용 탄력성 공식
> $= \dfrac{\Box P}{\Box Q}$　☆ 암기법: '탄력성', 분자에 피, **탄피**

① 수요의 탄력성 > 공급의 탄력성: **수렴형 수탄 수**
② 수요의 탄력성 < 공급의 탄력성: **발산형 공탄 발**
③ |수요곡선 기울기| > |공급곡선 기울기|: **발산형 기작 탄**
④ |수요곡선 기울기| < |공급곡선 기울기|: **수렴형 기작 탄**

02 다음 조건하에서 거미집이론(Cob‐web theory)에 의한 부동산시장 A와 B의 모형 형태와 A시장과 B시장 상품의 관계는? (단, X축은 수량, Y축은 가격이고, 가격변화에 수요는 즉각 반응하지만 공급은 시간적인 차이를 두고 반응하며, 다른 조건은 동일함)

감정평가사 36회

- A시장: 수요의 가격탄력성은 0.9, 공급의 가격탄력성은 1.2
- B시장: 수요곡선의 기울기는 −0.8, 공급곡선의 기울기는 0.3
- A시장의 상품가격이 4% 하락하면, B시장의 상품수요가 3% 감소함

	A시장	B시장	A와 B시장 상품의 관계
①	수렴형	순환형	보완재
②	수렴형	발산형	보완재
③	발산형	수렴형	대체재
④	발산형	발산형	대체재
⑤	수렴형	수렴형	대체재

🏠 문제풀이 TIP

- A시장: 수요의 가격탄력성 0.9 < 공급의 가격탄력성 1.2, 공급 탄력 ⇨ 발산형
- B시장: 수요곡선의 기울기 −0.8 > 공급곡선 기울기는 0.3, 공급 탄력 ⇨ 발산형
- 수요의 교차탄력성 = $\dfrac{\text{B수요량 변화율}(-3\%)}{\text{A가격변화율}(-4\%)}$ = 0.75 ⇨ 대체재

Chapter 03 부동산 시장론

테마 21 부동산시장

01 다음은 부동산시장에 관한 설명이다. 옳은 것은?
① 부동산시장은 수요와 공급의 조절이 쉽지 않아 장기적으로 가격의 왜곡이 발생할 가능성이 많다.
② 부동산시장에는 토지의 특성으로 말미암아 특정지역에 소수의 판매자와 구매자가 존재하게 된다.
③ 부동산의 개별성은 공급을 비독점적으로 만들며, 상품을 비표준적, 거래를 비공개적, 시장을 비조직적으로 만드는 성질이 있다.
④ 부동산시장은 국지성의 특징이 있기 때문에 균질적인 가격형성이 가능하다.
⑤ 제품의 특성에 따라 공급부동산을 범주화하여 다른 부동산과 구별하는 것을 시장세분화라 한다.

02 부동산시장의 특성으로 옳은 것은? 2021년 감정평가사
① 일반상품의 시장과 달리 조직성을 갖고 지역을 확대하는 특성이 있다.
② 토지의 인문적 특성인 지리적 위치의 고정성으로 인하여 개별화된다.
③ 매매의 단기성으로 인하여 유동성과 환금성이 우수하다.
④ 거래정보의 대칭성으로 인하여 정보수집이 쉽고 은밀성이 축소된다.
⑤ 부동산의 개별성으로 인한 부동산상품의 비표준화로 복잡 · 다양하게 된다.

🏠 문제풀이 TIP

1. 부동산시장의 특성 : **불완전경쟁, 준강성 효율적 시장**
   ⇨ 판매자 · 구매자 **소수**, 상품 **이질**, 진퇴 **곤란**, **불완전정보**
   (1) **국지성** ⇨ **부동성**
   (2) 거래 **비공개성**, 상품 **비표준화성**, 시장 **비조직성** ⇨ **개별**성
   (3) 수급조절 **곤란성**, 매매기간 **장기성**, 법적규제 **과다** : 단기적으로 가격 왜곡
2. 부동산시장의 기능 : **자원배분, 교환, 가격창조, 정보제공, 양 · 질 조정**

3. 시장의 분류
   (1) 용도 : **주거용, 상업용, 공업용, 농업용, 특수용**
   (2) 시장범위 : 전체시장, **부분시장(부동성)**, 개별시장
   ▶ 시장이 세분화(**하위시장**)될수록 **동질화**, 대체성 **大**, 수요탄력
4. 부분시장
   (1) 시장세분화 : **수요측면**   💡 암기법 : 세수
   (2) 시장차별화 : **공급측면**   💡 암기법 : 공차

테마 22 | 효율적 시장

01 효율적 시장에 대한 설명으로 가장 옳은 것은?
① 약성 효율적 시장에서 기술적 분석을 하면 정상이윤을 얻을 수 없다.
② 준강성 효율적 시장에서 기본적 분석을 하면 초과이윤을 얻을 수 있다.
③ 강성 효율적 시장에서는 어떠한 정보를 분석한다고 하더라도 정상이윤을 얻을 수 없다.
④ 기본석 분석으로 초과이윤을 얻을 수 있는 시장은 준강성 효율적 시장이 된다.
⑤ 부동산시장은 준강성 효율적 시장으로, 완전경쟁시장은 강성 효율적 시장에 가장 부합되는 것으로 볼 수 있다.

🏠 문제풀이 TIP

효율적 시장 : 정보가 **지체 없이** 부동산의 가치에 반영
1. 약성 : **과거정보(기술적)분석** ⇨ 정상이윤, **현재·미래정보** 분석 ⇨ 초과이윤
2. 준강성(부동산시장) : **과거·현재정보(기본적)분석** ⇨ 정상이윤, **미래정보** 분석 ⇨ 초과이윤, **부동산시장**에 가장 부합
3. 강성(완전경쟁시장) : **모든 정보** ⇨ 정상이윤 ○, 초과이윤 ×, 정보비용 ×, **완전경쟁시장에 가장 부합**
▶ **현재정보(기본적 분석)** : 초과이윤 획득(약성 효율적 시장), **정상이윤** 획득(준강성 효율적 시장)

테마 23 | 할당(배분)적 효율적 시장

01 할당적 효율적 시장에 대한 설명이다. 옳은 것은?
① 할당 효율적 시장은 정보비용이 존재하지 않는 시장이다.
② 할당 효율적 시장은 반드시 완전경쟁시장이 된다.
③ 부동산시장은 불완전하지만 할당 효율적 시장이 될 수 있다.
④ 초과이윤이나 투기가 성립하는 것은 시장이 불완전하기 때문이다.
⑤ 부동산 거래에 정보비용이 수반되는 것은 시장이 할당 효율적이지 못하기 때문이다.

02 부동산시장에 관한 설명으로 옳은 것은? 2023년 감정평가사
① 할당 효율적 시장은 완전경쟁시장을 의미하며 불완전경쟁시장은 할당 효율적 시장이 될 수 없다.
② 완전경쟁시장이나 강성 효율적 시장에서는 할당 효율적인 시장만 존재한다.
③ 약성 효율적 시장에서 과거의 역사적 정보를 통해 정상 이상의 수익을 획득할 수 있다.
④ 완전경쟁시장에서는 초과이윤이 발생할 수 있다.
⑤ 준강성 효율적 시장에서 공표된 정보는 물론 공표되지 않은 정보도 시장가치에 반영된다.

🔺 문제풀이 TIP
1. 할당 효율적 시장 : **초과이윤 ×, 정보가치(1,000) = 정보비용(1,000)**
2. **완전은 언제나 할당이 된다.** 할당이 반드시 완전이 되는 것은 **아니다.**
3. **불완전(독점, 부동산)시장도 할당이 될 수 있다.**
4. **정보비용**이 수반되는 것은 시장이 **불완전하기 때문이다.**
5. **초과이윤, 투기**가 성립하는 것은 **할당 효율적이지 못하기 때문이다.**

테마 24 · 정보가치(정보의 현재가치) 29·33·35회

01 복합쇼핑몰 개발사업이 진행된다는 정보가 있다. 다음과 같이 주어진 조건하에서 합리적인 투자자가 최대한 지불할 수 있는 이 정보의 현재가치는?

- 복합쇼핑몰 개발예정지 인근에 일단의 A토지가 있다.
- 장래 도심에 복합쇼핑몰이 개발될 가능성은 50%로 알려져 있다.
- 장래 도심에 복합쇼핑몰이 개발되면 A토지의 가격은 6억 500만원, 개발되지 않으면 3억 250만원으로 예상된다.
- 투자자의 요구수익률(할인율)은 연 10%이다.

	1년 후 복합쇼핑몰 개발될 경우	2년 후 복합쇼핑몰 개발될 경우
①	1억 2,500만원	1억 3,750만원
②	1억 2,500만원	1억 2,000만원
③	1억 3,750만원	1억 5,000만원
④	1억 3,750만원	1억 2,000만원
⑤	1억 3,750만원	1억 2,500만원

🔼 **문제풀이 TIP**

1. 1년 후 복합쇼핑몰 개발될 경우 정보의 현재가치

$$= \frac{(6억\ 500만원 - 3억\ 250만원) \times 50\%}{(1+0.1)^1} = 1억\ 3,750만원$$

계산기 605,000,000 − 302,500,000 × 50% ÷ 1.1 = 137,500,000

2. 2년 후 복합쇼핑몰 개발될 경우 정보의 현재가치

$$= \frac{(6억\ 500만원 - 3억\ 250만원) \times 50\%}{(1+0.1)^2} = 1억\ 2,500만원$$

계산기 605,000,000 − 302,500,000 × 50% ÷ 1.1 = = 125,000,000

🔼 **문제풀이 TIP**

1. 정보가치 = 확실성하의 현재가치 − 불확실성하의 현재가치
2. 정보가치(빠른 계산)

$$(\blacktriangleright \text{야매 빼안나}) = \frac{(실현가치 - 미실현가치) \times 미실현\ 확률}{(1+r)^n}$$

정보의 현재가치 ⇨ (실현가치 − 미실현가치) × **안** 들어설 확률 ÷ $(1+r)^n$
                                              빼   안   나

테마 25 　 주택의 여과과정

01 주택의 여과과정에 대한 설명 중 가장 옳은 것은?

① 주택의 상향여과는 소득증가와 같은 이유로 인해, 저가주택에 대한 수요가 증가했을 때 나타난다.
② 고소득층 주거지역으로 저소득층이 들어오게 되어 상향여과과정이 계속되면, 고소득층 주거지역은 점차 저소득층 주거지역으로 바뀔 것이다.
③ 저급주택이 수선되거나 재개발되어 상위계층의 사용으로 전환되는 것을 하향여과(filtering-down)라 한다.
④ 고소득층 주거지역에서 주택개량비용이 개량 이후의 가치증분보다 클 때에는 주로 하향여과현상이 나타난다.
⑤ 저소득층 주거지역에서 주택의 보수를 통한 가치 상승분이 보수비용보다 크다면 하향여과가 발생할 수 있다.

🔷 문제풀이 TIP

1. 여과현상: 주택의 **질적** 변화, **가구**의 이동, **침입·천이**현상, **공가(空家)**의 발생은 주택여과과정의 **중요한 구성요소** 중 하나
2. 하향여과: **고소득사용** 주택이 **저소득사용**으로 전환
3. 상향여과: **저소득사용** 주택이 **고소득사용**으로 전환
4. **저가주택 수요증가** ⇨ **하향**여과, 저가주택 공급증가

테마 26 | 주거분리와 여과과정

01 주거분리와 여과과정에 대한 설명으로 가장 타당한 것은?
① 주택의 하향여과는 정부의 보조금지급을 원인으로 저소득층의 소득증가로 인해 저가주택의 수요가 감소되었을 때 나타난다.
② 주거분리는 주택 소비자가 정(+)의 외부효과 편익은 추구하려 하고, 부(-)의 외부효과 피해는 피하려는 동기에서 비롯된다.
③ 고소득층 주거지역과 인접한 저소득층 주택은 할인되어 거래되며, 저소득층 주거지역과 인접한 고소득층 주택은 할증료가 붙어 거래될 것이다.
④ 불량주택과 같은 저가주택이 생산되는 것은, 시장의 실패에 기인하는 것으로 볼 수 있다.
⑤ 불량주택의 문제는 주택 그 자체의 문제로, 철거를 통해 해결하는 것이 바람직하다.

🔖 **문제풀이 TIP**

1. 주거분리
   (1) **고소득** 주거지역과 **저소득** 주거지역 분리
   (2) **인근지역** + **도시전체**에서 발생
   (3) 경계지역에서 고소득지역은 **할인**, 저소득지역은 **할증**
2. 고급주택지역 : 개량비용 > 가치상승분, **하향**여과   🔔 암기법 : 비하
3. 저급주택지역 : 개량비용 < 가치상승분, **상향**여과   🔔 암기법 : 상상
4. 고급 ⇨ (침입) : **상향**여과, 저급 ⇨ (침입) : **하향**여과
5. 불량주택(저가주택)
   (1) 소득문제 ○, 주택문제 ✕
   (2) 하향여과작용을 통해 자원할당기능을 원활하게 수행 ○, 시장실패 ✕
   (3) 실질소득향상 ○, 철거 ✕

| 테마 27 | 경제지대와 준지대 |

01 지가와 지대에 대한 설명으로 가장 옳은 것은?

① 지가는 장래 발생하는 지대를 이자율로 할인한 값으로, 지가와 지대는 비례하고 지가와 이자율은 반비례한다.
② 경제지대는 어떤 생산요소가 다른 용도로 전용되지 않도록 하기 위해서 현재의 용도에서 지급되어야 하는 최소한의 지급액을 말한다.
③ 경제지대는 토지의 총수입과 전용수입과의 차액으로 공급이 탄력적일 때 발생하는 공급자의 초과수익을 말한다.
④ 공급이 완전탄력적이면 총수입 전액 경제적 지대로 구성된다고 할 수 있다.
⑤ 준지대는 토지 이외의 고정생산요소에 귀속되는 소득으로서, 영구적 지대의 성격을 가진다.

🏠 문제풀이 TIP

1. 지가 = $\dfrac{지대}{이자율}$, 지가와 지대는 **비례**, 지가와 이자율은 **반비례**

2. 경제지대 : **파레토, 토지, 영구적·장기적**
   (1) 경제지대(파레토) 99억 = **총수입 100억** − **전용수입 1억** ☼ 암기법 : 총마전 파레토
        초과수입 99억원   박찬호 연봉   교사수입
   (2) **전용수입** : 어떤 생산요소(박찬호 야구선수)가 다른 용도(교사)로 전용되지 않고 현재의 용도에 그대로 사용되도록 지급하는 **최소**한의 지급액(1억)
   (3) 최소수입 : **전용수입(1억)**, 초과수입 : **경제지대(99억)**
      ① 공급이 **완전비탄력적(수직)** : 경제지대 ⇨ **최대**(전용수입 = 0, 총수입 = 경제지대)
      ② 공급이 **완전탄력적(수평)** : 경제지대 ⇨ **최소**(경제지대 = zero, 총수입 = 전용수입)

3. 준지대(마샬) : **인간이 만든 기계** 등에서 생기는 단기적인 **초과수익**, 장기적으로는 **소멸, 일시적**
   ☼ 암기법 : 맛살 준 단발머리 그녀와는 짧게 만나다

테마 28 지대이론

01 지대론에 관한 설명으로 가장 옳은 것은?

① 절대지대설에서는 토지 비옥도가 지대를 결정하게 되며, 수확체감의 법칙을 전제한다.
② 차액지대설에 따르면 토지소유자는 최열등지에 대해서는 지대를 요구할 수 있다.
③ 마르크스에 따르면 지대는 토지소유자가 토지를 소유하는 그 자체로 인하여 발생한다.
④ 절대지대설에 따르면 생산물의 가격과 생산비가 일치하는 한계지에서는 지대가 발생하지 않는다.
⑤ 리카도에 따르면 지대는 경제적 잉여가 아니고 생산비이다.

🔷 문제풀이 TIP

차액지대설(리카도)	절대지대설(마르크스)
① **비옥도, 수확체감법칙** ② 한계지에서 지대 **zero** ③ 곡물가격(비옥도) ➡ 지대 결정 ④ 지대는 **불로소득(잉여)**	① **소유권(요구), 소유자체** ② 한계지에서 지대 **존재** ③ 지대 ➡ 곡물가격 결정 ④ 지대는 **생산비(비용)**

💡 암기법: 차액 잉여, 절대 비밀
💡 암기법: 비옥하게 확 먹고 차액은 니카드로, 한계지는 절마 소유

1. 위치지대설(튀넨): **수송비**(베버), 지대와 수송비 **반비례**, 한계지대곡선(**우하향**)
   💡 암기법: 위치가 튀네, 수송비가 증가하네

2. 입찰지대설(알론소): 지대지불능력 **최대(최고)**, 초과이윤 **zero**, **원점을 향해 볼록**한 우하향

   $$기울기 = \frac{한계교통비(운송비, 수송비)}{토지사용량(이용량)}, 한계교(운)통비를 토지사(이)용량으로 나눈값$$

   💡 암기법: 앓는소를 최고가에 입찰하다. 너 왜 우 니

3. **헤이그의 마찰비용이론**: 헤이그(Haig)의 마찰비용이론은 중심지로부터 멀어질수록 수송비는 증가하고 지대는 감소한다고 보고 교통비의 중요성을 강조했다. 헤이그(Haig)의 마찰비용이론에서는 교통비(수송비)와 지대를 마찰비용으로 본다.
   💡 암기법: 헤이그 수지와 마찰 있구나
   💡 암기법: 리카도 - 비옥도, 마르크스 - 소유, 튀넨 - 수송비(위치)
   ▶ 알론소: **최대(최고)**, 헤이그의 마찰비용 이론: 헤이그 수지와 마찰 있구나

4. 지대론 관련 학자

경제지대: **파레토**	준지대: **마샬**
차액지대: **리카도**	절대지대: **마르크스**
위치지대: **튀넨**	입찰지대: **알론소**
마찰비용: **헤이그**	토지단일세: **헨리조지**
수송비: **튀넨**(위치지대), **헤이그**(마찰비용), **베버**(최소비용)	

02 지대이론에 관한 설명으로 옳은 것은 모두 몇 개인가? 감정평가사 36회

- 튀넨(J. H. von Thünen)은 자연조건이 동일한 고립국을 가정하여 상업활동의 공간적 분포를 통한 토지이용을 설명한다.
- 리카도(D. Ricardo)는 각 토지마다 다른 비옥도의 차이와 생산요소 투입에 따라 한계생산성이 증가하는 수확체감현상을 적용한다.
- 마샬(A. Marshall)은 생산요소에 귀속되는 소득으로서 생산품의 총판매수익에서 가변비용을 제외한 잉여분을 절대지대라고 주장한다.
- 알론소(W. Alonso)는 해당 토지의 지대를 지대입찰과정에서 토지이용자가 지불하고자 하는 최고 지불용의액으로서 초과이윤이 0(zero)이 되는 지대로 보았다.
- 해리스(C. Harris)와 울만(E. Ullman)은 토지이용자가 공간의 마찰비용으로 지대와 교통비를 함께 지불한다고 보았다.

① 1개 ② 2개 ③ 3개
④ 4개 ⑤ 5개

🔔 **문제풀이 TIP**

- 상업 ⇨ 농업, 튀넨은 완전히 단절된 고립국을 가정하여 이곳의 작물재배활동은 생산비와 수송비를 반영하여 농업의 토지이용이 공간적으로 분화된다고 보았다.
- 증가 ⇨ 감소, 리카도는 각 토지마다 다른 비옥도의 차이와 생산요소 투입에 따라 한계생산성이 감소하는 수확체감현상을 적용한다.
- 절대지대 ⇨ 준지대, 마샬은 생산요소에 귀속되는 소득으로서 생산품의 총판매수익에서 가변비용을 제외한 잉여분을 준지대라고 주장한다.
- 해리스와 울만 ⇨ 헤이그, 헤이그(R. Haig)의 마찰비용이론에 따르면 토지이용자가 공간의 마찰비용으로 시내와 교통비를 함께 지불한다고 보았다.

테마 29 | 도시내부구조이론

01 도시내부구조이론에 대한 설명으로 가장 옳은 것은?

① 버제스(Burgess)의 동심원이론은 침입, 경쟁, 천이과정을 수반하는 생태학적 논리에 기반하고 있다. 버제스의 동심원이론의 지대별 구성은 도심으로부터 중심업무지구 ⇨ 점이지대 ⇨ 고소득지역 ⇨ 저소득지역 ⇨ 통근자지대 등으로 이루어진다.
② 동심원설에 의하면 중심지와 가까워질수록 범죄, 빈곤 및 질병이 많아지는 경향을 보이며, 저소득층일수록 고용기회가 많은 도심과 접근성이 양호한 지역에 주거를 선정하는 경향이 있다.
③ 호이트의 선형이론에 따르면 주택지불능력이 낮을수록 고용기회가 많은 도심지역과 접근성이 양호한 지역에 주거입지를 선정하는 경향이 있다.
④ 동심원이론과 선형이론에 따르면 도시는 하나의 중심이 아니라 여러 개의 전문화된 중심으로 이루어진다.
⑤ 다핵의 발생요인으로 유사활동 간 분산지향성, 이질활동 간 입지적 비양립성 등이 있다.

🏠 **문제풀이 TIP**

1. 동심원이론(버제스) : **중심지에 가까이 저소득층**이 입지
   버제스(Burgess)의 동심원이론은 침입, 경쟁, 천이과정을 수반하는 생태학적 논리에 기반하고 있다.
   2018년 감정평가사

   💡 암기법 : **버**스타고 **동심**찾아 **생태계**로!
   💡 암기법 : 중전저고통, 중심지와 가까워질수록 범죄, 빈곤 및 질병이 **많아지는** 경향
   동심원이론에 따르면 중심지에서 멀어질수록 지대 및 인구밀도가 낮아진다.
   도심으로 접근성 양호한 곳 **저소득층** 입지

   | 중심업무지구 ⇨ 전이(점이)지대 ⇨ 저소득 ⇨ 고소득 ⇨ 통근자 |

2. 선형이론(호이트) : 쐐기형, **교통축**, 부채꼴, 주거분리, **고급주택**은 교통망의 축(**접근성이 양호**한 곳)에 가까이 입지
   💡 암기법 : 부채들고 호잇호잇!

3. 다핵심이론(해리스, 울만) : **도심과 부도심, 현대도시나 대도시**
   ▶ 핵의 성립요인 : **동종활동 집적이익(모여입지)**, **이종활동 간 비양립성[분산(흩어져)입지]**, 특정위치나 시설의 필요성, 지대지불능력 차이
   💡 암기법 : 이분 똥집!(이종은 분산, 동종은 집적)

4. 도시공간구조론 관련 학자

(똥)동심원이론 : **버제스**	(싼)선형이론 : **호이트**
(다)다핵심이론 : **해리스, 울만**	

테마 30 | 입지계수(LQ) 계산 27·30·32·34회

01 섬유산업의 입지계수가 높은 도시 순은?

구 분	섬유산업	전자산업	전체산업
A도시	250	150	400
B도시	250	250	500
C도시	500	600	1,100
전 국	1,000	1,000	2,000

① A > B > C ② A > C > B ③ B > C > A
④ C > A > B ⑤ C > B > A

🏠 문제풀이 TIP

1. 입지계수(LQ) = $\dfrac{\text{당해 지역의 고용자 비율}}{\text{전국의 섬유산업의 고용자 비율}}$

- A도시 = $\dfrac{\frac{250}{400}}{\frac{1,000}{2,000}} = \dfrac{0.625}{0.5} = 1.25$ ⇨ (야매)계산기 쓸 때 250 × 2,000 ÷ 400 ÷ 1,000

- B도시 = $\dfrac{\frac{250}{500}}{\frac{1,000}{2,000}} = \dfrac{0.5}{0.5} = 1$

- C도시 = $\dfrac{\frac{500}{1,100}}{\frac{1,000}{2,000}} = \dfrac{0.45}{0.5} = 0.9$

섬유산업의 입지계수가 큰 순서는 A > B > C이다.

	A도시	B도시	C도시
비 중	$\dfrac{250}{400}$ = 62.5%	$\dfrac{250}{500}$ = 50%	$\dfrac{500}{1,100}$ = 45.5%

🏠 문제풀이 TIP

1. LQ = $\dfrac{\text{A지역의 X산업구성비}}{\text{전국의 X산업구성비}} = \dfrac{\frac{\text{A지역 X산업고용수}}{\text{A지역의 전산업고용수}}}{\frac{\text{전국의 X산업고용수}}{\text{전국의 전산업고용수}}}$ ✿ 암기법: 전국, 전, 특, 지역, 전, 특

① LQ > 1: **기반산업**
② LQ < 1: **비기반산업**

테마 31　서비스업의 입지론

01　상업입지론에 대한 설명으로 옳은 것은?
① 넬슨은 경쟁하는 두 도시에 각각 입지해 있는 소매시설 간 상권의 경계지점을 확인할 수 있도록 레일리의 소매중력모형을 수정했다.
② 컨버스는 특정 점포가 최대 이익을 얻을 수 있는 매출액을 확보하기 위해서는 어떤 장소에 입지하여야 하는지를 제시하였다.
③ 레일리의 소매인력법칙에 의하면 A도시가 B도시보다 더 크다면 상권의 경계는 A도시 쪽에서 더 가깝게 결정될 것이다.
④ 레일리는 두 중심지가 소비자에게 미치는 영향력의 크기는 두 중심지의 크기에 반비례하고 거리의 제곱에 비례한다고 보았다.
⑤ 허프의 상권분석모형에 따르면, 소비자가 특정 점포를 이용할 확률은 경쟁점포의 수, 점포와의 거리, 점포의 면적에 의해 결정된다.

🏠 문제풀이 TIP

1. **크리스탈러**: 소비자 **분포**, **거시적**, 중심지 **형성**

   > **용어정리** 34회 이론
   > ① 최소요구치 – 중심지 기능이 유지되기 위한 최소한의 수요 요구 규모
   > ② 최소요구범위 – 판매자가 정상이윤을 얻을 만큼의 충분한 소비자들을 포함하는 경계까지의 거리
   > ③ 재화의 도달범위 – 중심지로부터 어느 기능에 대한 수요가 0이 되는 곳까지의 거리

   (1) 중심지 성립: 최소요구치 < 재화의 도달거리
   　🌸 암기법:　　처　　　재　　　내
   　　　　　　(최소요구치가　재화의 도달범위 내)
   (2) 공간적 **중심지** 규모의 크기에 따라 **상권**의 규모가 달라진다는 것을 실증

2. **허프**: 소비자 개성, 확률모형, 효용, 중심지 상호작용(유인력)
   공간(거리)마찰계수의 결정요인: **거리**(교통조건), **상품의 특성**
   🌸 암기법: 100km 빡침계수(값; 거리부담)
   (1) 경쟁점포의 수, 점포와의 **거리**, 점포의 **면적**에 의해 결정
   (2) **교통조건 양호, 전문품점**: 마찰계수 값 ⬇
   (3) **교통조건 불량, 일상용품점**(편의품점): 마찰계수 값 ⬆

3. **레일리**: 도시인구에 **비례**, 거리²에 **반비례**, 작은 **도시** 쪽에 가깝게 경계형성, 중심지 **상호작용**
   🌸 암기법: 레인비

4. **컨버스 분기점모형**: 레일리의 소매중력모형을 수정
   (1) 경쟁하는 두 도시에 각각 입지해 있는 소매시설 간 상권의 **경계지점** 확인
   　🌸 암기법: 큰버스 경계

5. 넬슨: 소매입지론(네입)

    점포입지 8원칙(양립성-보완관계-넬슨약국: 병원과 양립하라)

    특정 점포가 **최대 이익**을 얻을 수 있는 **매출액**을 확보하기 위해서는 어떤 장소에 **입지**하여야 하는지를 제시하였다.

테마 32 확률모형(허프), 소매인력법칙(레일리)(계산문제) 26·27·28·33·34회

01 A도시와 B도시 사이에 있는 C도시는 A도시로부터 5km, B도시로부터 10km 떨어져 있다. 각 도시의 인구 변화가 다음과 같을 때, 작년에 비해 금년에 C도시로부터 B도시의 구매활동에 유인되는 인구수의 증가는? [단, 레일리(W. Reilly)의 소매인력법칙에 따르고, C도시의 모든 인구는 A도시와 B도시에서만 구매하며, 다른 조건은 동일함] 2023년 감정평가사

구 분	작년 인구수	금년 인구수
A도시	5만명	5만명
B도시	20만명	30만명
C도시	2만명	3만명

① 6,000명 ② 7,000명 ③ 8,000명
④ 9,000명 ⑤ 10,000명

🔷 **문제풀이 TIP**

1. 작년 C도시로부터 B도시의 구매활동에 유인되는 인구수 = 10,000명
2. 금년 C도시로부터 B도시의 구매활동에 유인되는 인구수 = 18,000명
∴ 따라서, 작년에 비해 금년에 C도시로부터 B도시의 구매활동에 유인되는 인구수의 증가는 8,000명이다.

1. 작년 B도시 점유율 = $\dfrac{\dfrac{B도시\ 인구}{B도시까지의\ 거리^2}}{\dfrac{A도시\ 인구}{A도시까지의\ 거리^2} + \dfrac{B도시\ 인구}{B도시까지의\ 거리^2}} = \dfrac{\dfrac{20만명}{10^2}}{\dfrac{5만명}{5^2} + \dfrac{20만명}{10^2}}$

   = 50%, 2만명 × 50% = 1만명

   ① A도시의 유인력 = $\dfrac{50,000}{5^2}$ = 50,000 ÷ 5 ÷ 5 = 2,000

   ② B도시의 유인력 = $\dfrac{200,000}{10^2}$ = 200,000 ÷ 10 ÷ 10 = 2,000

▶ 야매: 인구에 비례   A도시의 인구1   B도시의 인구4
　　　　거리에 반비례 2^2　　　　　　1^2
　　　　　　　　　　　1×2^2　　　4×1^2 = 4 : 4 = 1 : 1

2. 금년 B도시 점유율 = $\dfrac{\dfrac{\text{B도시 인구}}{\text{B도시까지의 거리}^2}}{\dfrac{\text{A도시 인구}}{\text{A도시까지의 거리}^2} + \dfrac{\text{B도시 인구}}{\text{B도시까지의 거리}^2}} = \dfrac{\dfrac{30만명}{10^2}}{\dfrac{5만명}{5^2} + \dfrac{30만명}{10^2}}$

　= 60%, 3만명 × 60% = 1만 8천명

　① A도시의 유인력 = $\dfrac{50,000}{5^2}$ = 50,000 ÷ 5 ÷ 5 = 2,000

　② B도시의 유인력 = $\dfrac{300,000}{10^2}$ = 300,000 ÷ 10 ÷ 10 = 3,000

▶ 야매: 인구에 비례   A도시의 인구1   B도시의 인구6
　　　　거리에 반비례 2^2　　　　　　1^2
　　　　　　　　　　　1×2^2　　　6×1^2 = 4 : 6 = 40% : 60%

---

02 도시 A와 B도시 사이에 도시 C도시가 있다. C도시는 A도시로부터 10km, B도시로부터 20km 떨어져 있다. A도시의 인구는 70,000명, B도시의 인구는 420,000명, C도시의 인구는 50,000명이다. (레일리의 소매인력법칙을 적용)

(1) A로 구매활동에 유인되는 인구규모 【　　　】명
(2) B로 구매활동에 유인되는 인구규모 【　　　】명

	A도시	B도시
①	5,000명	25,000명
②	10,000명	20,000명
③	15,000명	15,000명
④	20,000명	30,000명
⑤	25,000명	5,000명

🏠 문제풀이 TIP

1. A도시의 유인력 $= \dfrac{70,000}{10^2} = 70,000 \div 10 \div 10 = 700$

2. B도시의 유인력 $= \dfrac{420,000}{20^2} = 420,000 \div 20 \div 20 = 1,050$

   A : B = 1 : 1.5 = 2 : 3 = 40% : 60%

   ∴ A도시 유인 인구 $= 50,000 \times \dfrac{2}{5}$ (40%) $= 20,000$명

   B도시 유인 인구 $= 50,000 \times \dfrac{3}{5}$ (60%) $= 30,000$명

▶ **야매**: 인구에 비례   A도시의 인구 1   B도시의 인구 6
　　　　거리에 반비례　　　2^2　　　　　1^2
　　　　　　　　　　　1×2^2　　　　6×1^2 = 4 : 6 = 40% : 60% = 2 : 3

---

03 허프 모형을 활용하여, X지역의 주민이 할인점 B를 방문할 확률과 할인점 B의 월 추정매출액은?

> ㉠ X지역의 현재 주민: 4,000명
> ㉡ 1인당 월 할인점 소비액: 35만원
> ㉢ 공간마찰계수: 2

구 분	할인점 A	할인점 B	할인점 C
면 적	500m²	300m²	450m²
X지역부터 거리	5km	10km	15km

① 12%, 168,000,000원　　② 30%, 368,000,000원
③ 15%, 198,000,000원　　④ 32%, 428,000,000원
⑤ 20%, 254,000,000원

🏠 문제풀이 TIP

총매출액(4,000명 × 350,000원) × $\dfrac{3}{(20+3+2)}$ (A방문 확률: 12%) = A매출액(168,000,000원)

구 분	할인점 A	할인점 B	할인점 C
유인력 계산	$\dfrac{500}{5^2} = 20$	$\dfrac{300}{10^2} = 3$	$\dfrac{450}{15^2} = 2$

▶ 야매: 계산기 한번에~

1. 할인점 A : $\dfrac{500}{5^2}$ = 500 ÷ 5 ÷ 5 = 20

2. 할인점 B : $\dfrac{300}{10^2}$ = 300 ÷ 10 ÷ 10 = 3

3. 할인점 C : $\dfrac{450}{15^2}$ = 450 ÷ 15 ÷ 15 = 2

🏠 문제풀이 TIP

☑ (레일리, 허프, 컨버스)의 계산방법

1. 중력모형의 적용

　(1) 중심지 (A)의 유인력 계산 : A의 유인력 = $\dfrac{\text{인구수, 매장면적}}{\text{거리}^{\text{공간마찰계수(통상 2)}}}$

　(2) 중심지의 시장점유율 계산 : $\dfrac{\text{A의 유인력}}{\text{A의 유인력 + B의 유인력 + C의 유인력}}$

2. 분기점 결정
　(1) 분기점은 작은 도시에서 가깝게 형성된다.
　(2) 분기점에서 중심지 간 유인력의 크기는 동일하다.

테마 33 컨버스의 분기점(경계지점) 모형(계산문제) 19·32·35회

01 어느 지역에 A점포와 B점포가 있다. A점포의 면적은 1,200m²이고, B점포의 면적은 10,800m²이다. A점포와 B점포 사이의 직선거리는 4km이다. 컨버스(P. Converse)의 분기점 모형에 기초한 A점포와 B점포의 상권 경계지점은 B점포로부터 얼마만큼 떨어진 지점인가? (단, A점포와 B점포는 동일 직선상에 위치하며, 주어진 조건에 한함) 감정평가사 36회

① 1km　　　　② 2km　　　　③ 3km
④ 4km　　　　⑤ 5km

🏠 문제풀이 TIP

A점포로부터의 분기점이 1km이므로 B점포로부터의 분기점은 3km가 된다.

• 컨버스(P.D. Converse)의 분기점모형에서 쇼핑센터 A점포로부터의 분기점은

$= \dfrac{\text{쇼핑센터 A와 B 간의 거리}}{1+\sqrt{\dfrac{\text{B의 면적}}{\text{A의 면적}}}} = \dfrac{4\text{km}}{1+\sqrt{\dfrac{10,800}{1,200}}} = \dfrac{4\text{km}}{1+\sqrt{9}} = 1\text{km}$

- 계산의 편의를 위해 A점포로부터의 분기점을 먼저 구한 후, 전체거리에서 A점포로부터의 분기점을 차감하면 B점포로부터의 분기점을 구할 수 있다.   ☼ 암기법 : 컨버스 번호(9443)

유의 항상 작은 도시쪽 분기점을 먼저 구한다.
큰 도시쪽 분기점은 전체거리에서 차감하여 구함

---

02 컨버스(P. D. Converse)의 분기점 모형에 기초할 때, A시와 B시의 상권 경계지점은 A시로부터 얼마만큼 떨어진 지점인가? (단, 주어진 조건에 한함) 32회

- A시와 B시는 동일 직선상에 위치하고 있다.
- A시 인구: 64만명
- B시 인구: 16만명
- A시와 B시 사이의 직선거리: 30km

① 5km   ② 10km   ③ 15km
④ 20km   ⑤ 25km

🏠 문제풀이 TIP

A시로부터의 분기점 = A시와 B시 사이의 거리$(1+\sqrt{\dfrac{B의 인구}{A의 인구}})$

$= 30/(1+\sqrt{\dfrac{16만명}{64만명}}) = 30\sqrt{(1+0.5)} = 20$ ∴ A시로부터 20km 떨어진 지점이 상권의 경계지점이 된다.

🏠 문제풀이 TIP

$$A도시로부터 분기점 = \dfrac{A, B 간의 전체거리}{1+\sqrt{\dfrac{B의 면적}{A의 면적}}}$$

1. 4배 큰 경우: 작은 도시 쪽으로부터 3으로 나누어 계산
2. 9배 큰 경우: 작은 도시 쪽으로부터 4로 나누어 계산
☼ 암기법 : 컨버스 번호(9443)

테마 34 | 공업입지론

01 다음 중 원료지향형 산업과 관련이 있는 것은 몇 개인가?

> ㉠ 제품중량 > 원료중량   ㉡ 중량증가산업의 경우
> ㉢ 원료의 부패성이 심한 재화   ㉣ 원료지수 > 1, 입지중량 > 2
> ㉤ 편재원료를 많이 사용   ㉥ 기술연관성이 높은 산업
> ㉦ 미숙련 노동력 많이 필요   ㉧ 수송수단의 바뀌는 지점의 경우

① 1개 ② 2개 ③ 3개
④ 4개 ⑤ 5개

🏠 문제풀이 TIP

1. 베버의 최소비용이론 : (수송비⬇, 임금⬇, 집적력⬆), 수송비는 무게와 거리에 비례
2. 뢰쉬의 최대수요이론 : 이윤극대화, 시장확대가능성(대상지역 내 원자재가 균등)
3. 원료지향형 산업과 시장지향형 산업

원료지향형 산업	시장(소비지)지향형 산업
원료중량 > 제품중량 (중량**감소**산업)	원료중량 < **제품중량** (중량**증가**산업)
원료의 부패가 심한 산업	**제품의 부패가 심한 산업**
편재원료(국지원료) 원료지수 > 1, 입지중량 > 2	**보편원료** 원료지수 < 1, 입지중량 < 2

4. 집적지향 : 수송비 비중이 작고, 기술연관성 큰 산업
5. 노동지향 : 의류, 신발, 저임금 노동력이 풍부한 곳
6. 중간지향 : 수송수단이 변화되는 지점(적환지점, 이적지점)
▶ '1'과 비교(4개) : ⑴ 입지계수(LQ) ⑵ 원료지수 ⑶ 수익성지수 ⑷ 부채감당률
7. 등비용선 : 최소운비 지점으로부터 기업이 입지를 바꿀 경우, 이에 따른 추가적인 운송비(노동비×)의 부담액이 동일한 지점을 연결한 곡선 34회 기출

Chapter 04 부동산 정책론

테마 35 정부의 시장개입, 시장실패의 원인, 공공재

01 정부의 시장개입의 이유에 대한 설명으로 가장 옳은 것은?
① 저소득층 주택공급 정책은 사회적 목표를 달성하기 위한 정부의 경제적 기능에 속한다.
② 외부효과의 제거문제는 시장의 실패를 수정하기 위한 정부의 정치적 기능에 속한다.
③ 시장실패의 원인으로는 완전경쟁, 외부효과, 공공재, 무임승차자 문제, 정보의 대칭성 및 불확실성 등이 있다.
④ 정의 외부효과가 발생하는 경우에는 정부의 개입이 필요 없다.
⑤ 공공재는 비경합성과 비배제성이 있는 재화로 시장에 공급을 맡길 경우 과소생산된다.

🏠 문제풀이 TIP
1. 정치적 기능 : 사회적 목표달성, **저소득층**, 임대주택정책
2. 경제적 기능 : **시장실패의 수정**, 외부효과 제거, 지역지구제
3. 시장실패 원인 : **불완전경쟁**, 독과점기업(규모경제, 비용체감), **외부효과(正·負)**, 공공재, 무임승차자, **정보의 비대칭성** 및 불확실성
4. 공공재 : **비경합성, 비배제성, 공동소비, 과소생산**
▶ **정부실패** : 부동산정책이 **자원배분**의 비효율성을 오히려 악화시키는 것

테마 36 정부의 시장개입방법(수단) : 토지이용규제, 직접개입, 간접개입, 현재 시행하지 않는 부동산정책

01 부동산시장에 대한 정부의 직접개입방식으로 옳게 묶인 것은? 2020년 감정평가사
① 토지비축제, 개발부담금제도
② 수용제도, 선매권제도
③ 최고가격제도, 부동산조세
④ 보조금제도, 용도지역지구제
⑤ 담보대출규제, 부동산거래허가제

02 부동산시장에 대한 정부의 간접개입방식으로 옳게 묶인 것은? 2022년 감정평가사
① 임대료상한제, 부동산보유세, 담보대출규제
② 담보대출규제, 토지거래허가제, 부동산거래세
③ 개발부담금제, 부동산거래세, 부동산가격공시제도
④ 지역지구제, 토지거래허가제, 부동산가격공시제도
⑤ 부동산보유세, 개발부담금제, 지역지구제

03 토지은행제도에 대한 설명으로 가장 옳은 것은?
① 토지수용제도보다 토지소유자의 사권의 침해 정도가 크다.
② 개발이익의 환수가 곤란하다는 단점이 있다.
③ 비축토지 주변지역의 지가가 높아져 투기가 발생할 수 있다는 단점이 있다.
④ 비축토지는 각 지방자치단체에서 직접 관리하기 때문에 관리의 효율성을 기대할 수 있다.
⑤ 현재 우리나라에서 실시되고 있는 정책은 아니다.

04 우리나라에서 현재 시행하지 않는 부동산정책을 모두 고른 것은? 2020년 감정평가사

㉠ 종합토지세	㉡ 공한지세	㉢ 토지거래허가제
㉣ 택지소유상한제	㉤ 분양가상한제	㉥ 개발이익환수제
㉦ 실거래가신고제	㉧ 부동산실명제	

① ㉠, ㉡, ㉣
② ㉠, ㉤, ㉥
③ ㉠, ㉥, ㉦
④ ㉡, ㉢, ㉤
⑤ ㉣, ㉦, ㉧

05 다음 중 부동산시장과 부동산정책에 관한 설명으로 옳은 것은 몇 개인가?

㉠ 부동산정책이 자원배분의 비효율성을 오히려 악화시키는 것을 시장의 실패라 한다.
㉡ 법령상 도입순서를 비교하면 부동산거래신고제는 부동산실명제보다 빠르다.
㉢ 개발행위허가제와 택지소유상한제는 현재 시행되고 있는 제도이다.
㉣ 분양가상한제와 개발부담금제는 정부가 직접적으로 부동산시장에 개입하는 정책수단이다.
㉤ PIR(Price to Income Ratio)은 가구의 주택지불능력을 측정하는 지표이다.

① 없음
② 1개
③ 2개
④ 3개
⑤ 4개

🏠 문제풀이 TIP

1. 정부의 개입수단: 이, 직, 간

토지이용의 규제	직접적 개입방법	간접적 개입방법
① 지역지구제 ② 개발권양도제(TDR) ③ 각종 규제 ④ 계획, 인·허가제	① 토지은행제도(**토지비축제도**) ② 공영개발, 수용, 선매, 최고가격제 ③ **도시개발·재개발사업** ④ **공공소유제도, 공공임대주택**(행복주택의 건설공급)	① **조세정책** ② **보조금, 부담금** ③ **금융정책**(LTV, DTI) ④ **행정지원**(정보체계 구축) 부동산가격공시제도 ☆ 암기법: 금, 공시

2. 토지은행제도
   (1) 의의: 매입, 비축, 분양 또는 임대(우리나라는 LH에서 실시 ○)
   (2) 장점: 계획, 환수, 값싸게(비축지역), 수용제도보다 권리 침해↓
   (3) 단점: 매입비, **관리**(비축), 투기(주변지역) │ 공영개발: 매입비, **민원**(수용), 투기

3. 현재 우리나라에서 시행되고 있지 않은 제도
   ☆ 암기법: 폐지된 T초소 공토
   (1) 개발권양도제(TDR)
   (2) 토지**초**과이득세, 택지**소**유상한제
   (3) **공**한지세, 종합**토**지세

4. 부동산 관련 제도 중 법령상 도입이 빠른 순서

   공인중개사제도(1983)
   ⇨ **개발**부담금제(1990)
   ⇨ **부동산실명제**(1995)
   ⇨ **자**산유동화제도(1998)
   ⇨ 부동산 **거래신고제**(2006년 1월)
   ⇨ 재건축**부담금제**(2006년 8월)

   ☆ 암기법: 공개 부자 거래신고 부담금 납부

5. PIR(Price to Income Ratio) = $\dfrac{주택가격}{가구의\ 연소득}$

   (1) 개인의 **주택지불능력**
   (2) PIR ↑: 주택구매 **곤란**, PIR ↓: 주택구매 **용이**

테마 37 　외부효과

01 외부효과에 대한 설명으로 가장 옳은 것은?
① 외부효과는 어떤 경제주체의 경제활동의 의도적인 결과가 시장을 통하여 다른 경제주체의 후생에 영향을 주는 것을 말한다.
② 사적 비용이 사회적 비용을 초과하는 재화는 시장에서 과대생산된다.
③ 부의 외부효과를 정부에서 규제하는 경우, 주택시장에서는 주택공급이 증가하여 임대료 하락, 균형량이 증가하게 된다.
④ 지역지구제는 외부효과 문제의 해결 수단이 될 수 있다.
⑤ 공원이 쾌적성이라는 정(+)의 외부효과를 발생시키면, 공원 주변 주택에 대한 수요곡선이 좌측으로 이동하게 된다.

02 외부효과에 관한 설명으로 옳은 것은? 2023년 감정평가사
① 외부효과란 거래 당사자가 시장메카니즘을 통하여 상대방에게 미치는 유리하거나 불리한 효과를 말한다.
② 부(−)의 외부효과는 의도되지 않은 손해를 주면서 그 대가를 지불하지 않는 외부경제라고 할 수 있다.
③ 정(+)의 외부효과는 소비에 있어 사회적 편익이 사적 편익보다 큰 결과를 초래한다.
④ 부(−)의 외부효과에는 보조금지급이나 조세경감의 정책이 필요하다.
⑤ 부(−)의 외부효과는 사회적 적정생산량보다 시장생산량이 적은 과소생산을 초래한다.

🔷 문제풀이 TIP

1. 외부효과 : **부동성, 인접성**, 제3자(타인), 의도하지 **않는**, 시장기구 **통하지** ×

정의 외부효과(외부경제)	부의 외부효과(외부불경제)
① PIMFY현상	① NIMBY현상
② **사적 비용** > 사회적 비용	② 사적 비용 < **사회적 비용**
③ 사적 편익 < **사회적 편익**	③ **사적 편익** > 사회적 편익
④ **과소생산, 규제완화**	④ **과대생산, 규제강화**
⑤ 존재 : **수요 증가**, 균형가격 **상승**, 균형량 **증가**	⑤ 규제 : **공급 감소**, 균형가격 **상승**, 균형량 **감소**

2. 지역지구제
　어울 × ⇨ 어울 ○, **토지이용규제**, 부의 외부효과 제거
3. 부동산시장 참여자가 자신들의 행동이 초래하는 외부효과를 의사결정에서 감안하도록 만드는 과정을 외부효과의 (**내부화**)라 한다. 감정평가사 34회

테마 38 지역지구제

01 용도지역·지구제에 관한 설명으로 틀린 것은?
① 토지이용에 수반되는 부(−)의 외부효과를 제거하거나 감소시킬 수 있다.
② 국토의 계획 및 이용에 관한 법령상 제2종 일반주거지역은 공동주택 중심의 양호한 주거환경을 보호하기 위해 필요한 지역이다.
③ 사적 시장이 외부효과에 대한 효율적인 해결책을 제시하지 못할 때, 정부에 의해 채택되는 부동산정책의 한 수단이다.
④ 용도지역은 하나의 대지에 중복지정될 수 없지만, 용도지구는 하나의 대지에 중복지정될 수 있다.
⑤ 국토의 계획 및 이용에 관한 법령상 국토는 토지의 이용실태 및 특성 등을 고려하여 도시지역, 관리지역, 농림지역, 자연환경보전지역과 같은 용도지역으로 구분한다.

02 각종 부동산정책에 대한 설명으로 옳은 것은?
① 토지를 경제적·효율적으로 이용하고 공공복리의 증진을 도모하기 위하여 용도지역제를 실시하고 있다.
② 용도지역 중 자연환경보전지역은 도시지역 중에서 자연환경·수자원·해안·생태계·상수원 및 문화재의 보전과 수산자원의 보호·육성을 위하여 필요한 지역이다.
③ 지구단위계획은 도시·군계획 수립 대상지역의 전부에 대하여 토지 이용을 합리화하고 그 기능을 증진시키며 미관을 개선하고 양호한 환경을 확보하며, 그 지역을 체계적·계획적으로 관리하기 위하여 수립하는 도시·군관리계획을 말한다.
④ 국토의 계획 및 이용에 관한 법령상 제1종전용주거지역은 저층주택을 중심으로 편리한 주거환경을 조성하기 위하여 필요한 지역을 말한다.
⑤ 도시·군관리계획은 국토의 계획 및 이용에 관한 법령상 특별시·광역시 또는 군의 관할 구역에 대하여 기본적인 공간구조와 장기발전방향을 제시하는 종합계획이다.

03 국토의 계획 및 이용에 관한 법령상 현재 지정될 수 있는 용도지역을 모두 고른 것은?

| ㉠ 준상업지역 | ㉡ 준주거지역 |
| ㉢ 준공업지역 | ㉣ 준농림지역 |

① ㉠, ㉡
② ㉡, ㉢
③ ㉢, ㉣
④ ㉠, ㉡, ㉢
⑤ ㉡, ㉢, ㉣

🔷 **문제풀이 TIP**

1. 의의: 어울 × ➯ 어울 ○, 토지이용규제, 부의 외부효과 제거, 효율적 이용
2. 용도지역: 토지의 이용 및 건축물의 용도, 건폐율, 용적률, 높이 등을 제한함으로써 토지를 **경제적 · 효율적**으로 이용하고 **공공복리**의 증진을 도모하기 위하여 서로 중복되지 아니하게 도시 · 군관리계획으로 결정하는 지역
   (1) **도시**지역: **주거지역, 상업지역, 공업지역,** 녹지지역
   (2) **관리**지역: 보전관리, 생산관리, 계획관리
   (3) **농림**지역: 도시지역 외의 지역, 농업진흥지역 및 보전산지로 지정된 지역의 농림업 진흥, 산림의 보전을 위하여 필요한 지역
   (4) **자연환경보전지역**: 자연환경, 수자원, 해양생태계, 상수원, 문화재 보전, 수산자원 보호 육성을 위한 지역

   ▶ **도시지역**

   > ① 주거지역: ㉠ **전용주거 [양호한]** ➯ 1종: 단독, 2종: 공동 ☼ **암기법**: **전양**
   >   ㉡ **일반주거 [편리한]** ➯ 1종: 저층, 2종: 중층, 3종: 중고층 ☼ **암기법**: **일편**
   >   ㉢ **준주거** ➯ 주거 + 상업 · 업무기능 보완
   > ② 상업지역: ㉠ **중심상업** ㉡ **일반상업** ㉢ **유통상업** ㉣ 근린상업
   > ③ 공업지역: ㉠ **전용공업** ㉡ **일반공업** ㉢ **준공업**
   > ④ 녹지지역: ㉠ 보전녹지 ㉡ 생산녹지 ㉢ 자연녹지

   중복지정: ① 지역 + 지역: 불가능 ② 지구 + 지구: 가능 ③ 지역 + 지구: 가능
   국토의 계획 및 이용에 관한 법령상 현재 지정될 수 있는 용도지역은 준주거지역과 준공업지역이다.
   ☼ **암기법**: **준공주**

3. 도시군**기본**계획: 특별시 · 광역시 · 특별자치시 · 특별자치도 · 시 또는 군의 관할 구역에 대하여 **기본**적인 공간구조와 **장기발전방향**을 제시하는 **종합계획**으로서 도시 · 군관리계획 수립의 지침이 되는 계획

4. 도시군**관리**계획: 특별시 · 광역시 · 특별자치시 · 특별자치도 · 시 또는 군의 **개발 · 정비 및 보전**을 위하여 수립하는 **토지이용, 교통, 환경, 경관, 안전,** 산업, 정보통신, 보건, 복지, 안보, 문화 **등에 관한 계획**

5. 지구단위계획: 도시 · 군계획 수립 대상지역의 **일부(전부 ×)**에 대하여 토지 이용을 합리화하고 그 기능을 증진시키며 미관을 개선하고 양호한 환경을 확보하며, 그 지역을 체계적 · 계획적으로 관리하기 위하여 수립하는 도시 · 군관리(**기본 ×**)계획

6. 감정평가사 36회 용도지구는 용도지역<u>의</u> 제한을 강화 또는 완화하여 적용하며, 경관 · 안전 등을 도모하기 위하여 서로 중복되지 아니하고 도시 · 군관리계획으로 결정하는 지역을 말한다. (×)
   ➯ "용도지역"은 중복되지 아니하게 지정하여야 하지만, "용도지구"는 중복 지정이 가능하다.

04 국토의 계획 및 이용에 관한 법령상 기반시설의 유형으로 옳지 않은 것은? 감정평가사 36회

① 공공・문화체육시설: 광장・공원・녹지・유원지・공공공지
② 유통・공급시설: 유통업무설비, 수도・전기・가스・열공급설비, 방송・통신시설, 공동구・시장, 유류저장 및 송유설비
③ 보건위생시설: 장사시설・도축장・종합의료시설
④ 방재시설: 하천・유수지・저수지・방화설비・방풍설비・방수설비・사방설비・방조설비
⑤ 교통시설: 도로・철도・항만・공항・주차장・자동차정류장・궤도・차량 검사 및 면허시설

🏠 문제풀이 TIP

① 광장・공원・녹지・유원지・공공공지는 공간시설에 해당된다. 공공・문화체육시설에는 학교・공공청사・문화시설・공공필요성이 인정되는 체육시설・연구시설・사회복지시설・공공직업훈련시설・청소년수련시설이 있다.

05 국토의 계획 및 이용에 관한 법률상 다음에 해당하는 계획은? 감정평가사 36회

> 토지의 이용 및 건축물이나 그 밖의 시설의 용도・건폐율・용적률・높이 등을 완화하는 용도구역의 효율적이고 계획적인 관리를 위하여 수립하는 계획을 말한다.

① 성장관리계획
② 도시혁신계획
③ 복합용도계획
④ 지구단위계획
⑤ 공간재구조화계획

🏠 문제풀이 TIP

⑤ 공간재구조화계획: 토지의 이용 및 건축물이나 그 밖의 시설의 용도・건폐율・용적률・높이 등을 완화하는 용도구역의 효율적이고 계획적인 관리를 위하여 수립하는 계획

테마 39 　각종 부동산정책

01 각종 부동산정책에 대한 설명으로 가장 옳은 것은?
① 국토교통부장관 또는 시·도지사는 토지의 투기적인 거래가 성행하거나 지가가 급격히 상승하는 지역을 개발제한구역으로 지정할 수 있다.
② 부동산 거래신고는 부동산 거래신고에 대한 법령에 따라 거래당사자가 매매계약을 체결한 경우 계약체결일로부터 30일 이내에 신고하는 제도이다.
③ 토지선매에 있어 시장·군수·구청장은 토지거래계약허가를 받아 취득한 토지를 그 이용목적대로 이용하고 있지 아니한 토지에 대해서 선매자에게 강제로 수용하게 할 수 있다.
④ 토지적성평가제도는 미개발 토지를 토지이용계획에 따라 구획정리하고 기반시설을 갖춤으로써 이용가치가 높은 토지로 전환시키는 제도다.
⑤ 개발이익환수제에서 개발사업의 시행이나 토지이용계획의 변경 등에 따라 물가상승분을 초과하여 사업시행자나 토지 소유자에게 귀속되는 토지 가액의 증가분을 말한다.

02 정부가 시행 중인 부동산정책에 관한 설명으로 옳은 것은?
① 개발부담금제는 개발이 제한되는 지역의 토지소유권에서 개발권을 분리하여 개발이 필요한 다른 지역에 개발권을 양도할 수 있도록 하는 제도이다.
② 거래당사자가 부동산의 거래신고를 한 후 해당 거래계약이 취소된 경우에는 취소가 확정된 날부터 60일 이내에 해당 신고관청에 공동으로 신고하여야 한다.
③ 개발권양도제도는 개발사업의 시행으로 이익을 얻은 사업시행자로부터 개발이익의 일정액을 환수하는 제도이다.
④ 주택선분양제도는 후분양제도에 비해 주택공급을 감소시켜 주택시장을 위축시킬 가능성이 있고, 건설업체가 직접 조달해야 하는 자금도 더 많음으로써 사업부담도 증가될 수 있다.
⑤ 장기일반민간임대주택이란 임대사업자가 공공지원민간임대주택이 아닌 주택을 10년 이상 임대할 목적으로 취득하여 임대하는 민간임대주택(아파트를 임대하는 민간매입임대주택은 제외한다)을 말한다.

03 우리나라의 부동산제도와 근거법률의 연결이 옳은 것은?
① 토지거래허가제 -「부동산 거래신고 등에 관한 법률」
② 토지선매제 -「부동산등기법」
③ 토지은행제 -「공익사업을 위한 토지 등의 취득 및 보상에 관한 법률」
④ 개발부담금제 -「재건축 초과이익 환수에 관한 법률」
⑤ 분양가상한제 -「건축물의 분양에 관한 법률」

04 부동산시장이 과열국면일 경우, 정부가 시행할 수 있는 부동산시장 안정화 대책을 모두 고른 것은?

> ㉠ 양도소득세율 인상
> ㉡ 분양가상한제 폐지
> ㉢ 아파트 전매제한 기간 확대
> ㉣ 주택 청약시 재당첨제한 폐지
> ㉤ 담보인정비율(LTV) 및 총부채상환비율(DTI)의 축소

① ㉠, ㉡, ㉢
② ㉠, ㉢, ㉤
③ ㉠, ㉣, ㉤
④ ㉡, ㉢, ㉣
⑤ ㉡, ㉣, ㉤

🏠 문제풀이 TIP

1. 부동산정책
   (1) 토지은행제도 : LH가 매입, 비축, 매각·공공개발, 장점(**계획·환수·값싸게**), 단점(**매입비·관리·투기**)
   (2) 개발이익환수(**개발부담금**)제도 : 개발사업 시행으로 **정상지가상승분**을 초과하는 토지가액의 증가분을 환수
   (3) 토지적성평가제도 : 토지의 **개발**과 **보전**의 문제를 합리적으로 조정하는 제도, 토지의 **토양·입지·활용가능성** 포함
   (4) 토지선매제도 : 시장·군수·구청장이 공익사업용 토지나 토지거래계약허가를 받아 취득한 토지를 이용목적대로 이용하고 있지 아니한 토지에 대해서 선매자에게 **협의매수**하게 하는 제도
   (5) **토지거래허가**구역 : 국장·시도지사는 토지의 투기적인 거래가 성행하거나 지가가 급격히 상승 또는 그러한 우려가 있는 지역에 대해서 지정
   (6) **개발제한구역** : 국장은 도시의 무질서한 확산을 방지하고 도시주변의 자연환경을 보전하여 도시민의 건전한 생활환경을 확보하기 위하여 지정
   (7) 부동산거래신고제 : **계약체결일**로부터 30일 이내에 시장·군수·구청장에게 공동으로 신고, 신고한 후 해당 거래계약이 해제, 무효 또는 취소된 경우 해제 등이 **확정된** 날부터 30일 이내에 신고
   (8) **환지**방식 : **신개발**방식, 택지가 개발되기 전 토지의 위치·지목·면적 등을 고려하여 택지개발 후 개발 토지 중 사업에 소요된 비용과 공공용지를 제외한 토지를 당초의 토지소유자에게 **재분배**하는 방식
   (9) 재건축부담금 : 정비사업 중 **재건축**사업에서 발생하는 초과이익 환수, 「**재건축초과이익** 환수에 관한 법률」
   (10) 주택조합 : 주택마련 또는 리모델링하기 위해 결성하는 주택조합에는 주택법령상 **지역**주택조합, **직장**주택조합, **리모델링**주택조합이 있다. ⇨ 지.직.리

   ▶ **수거면, 지직리**
   ① 허프의 확률모형 : 경쟁점포의 **수, 거리, 면적**
   ② 주택조합 : **지역, 직장, 리모델링**

2. 공공지원민간임대주택과 장기일반민간임대주택의 임대의무기간을 8년 이상에서 **10년 이상**으로 개정함. **장기일반민간임대주택 중** 매입임대주택인 경우에는 **아파트를 제외**한다.
3. 부동산정책의 근거 법률
   (1) **주택법**: 투기과열지구, 조정대상지역, 분양가상한제, 최저주거기준의 설정, 주택조합
   (2) **부동산 거래신고 등에 관한 법률**: 부동산거래신고, 토지거래허가제, 선매
   (3) **개발이익환수에 관한 법률**: 개발부담금
   (4) **재건축초과이익환수에 관한 법률**: 재건축부담금
   (5) **부동산등기 특별조치법**: 검인계약서제
   (6) **소득세법**: 지정지역(투기지역)
   (7) **공공토지의 비축에 관한 법률**: 토지은행(비축)제
   (8) **부동산 가격공시에 관한 법률**: 표준지・개별공시지가, 표준・개별・공동주택가격의 공시
   (9) **부동산 실권리자명의 등기에 관한 법률**: 부동산실명제
   ★ 33회 기출 부동산실명제의 근거 법률은 「부동산등기법」이다. (×) 「부동산등기법」 ⇨ 「부동산실명제법」 부동산 실권리자명의 등기에 관한 법률
4. 주택시장 대책

주택시장 안정화 대책	주택시장 활성화 대책
① 양도소득세율 **인상**	① 양도소득세율 **인하**
② 분양가상한제 **실시**	② 분양가상한제 **폐지**
③ 전매제한 기간 **확대**	③ 전매제한 기간 **축소**
④ 청약 재당첨제한 **실시**	④ 청약 재당첨제한 **폐지**
⑤ LTV 및 DTI의 **축소**	⑤ LTV 및 DTI의 **확대**

5. 감정평가사 36회 (1) 토지거래허가제도에서 해당 구역에 일정한 면적을 초과하는 토지에 관한 소유권・지상권(소유권・지상권의 취득을 목적으로 하는 권리를 포함)을 이전하거나 설정하는 토지거래계약(예약을 포함)에 적용되며, 모든 증여 및 상속이 포함된다.
   ⇨ 대가를 받지 아니하고 소유권을 이전하는 단순 증여 등의 경우에는 허가 대상이 아니므로 모든 증여 및 상속이 포함되는 것은 아니다.
   (2) 토지공개념은 토지의 사유재산권을 부정하고 그 보유・이용・개발이 공공복리에 적합해야 한다고 보았다.
      ⇨ 토지공개념이란 토지의 개인적 소유권은 인정하되 이용은 공공복리에 적합하도록 하자는 것으로, 토지시장이 제대로 작동하지 못할 경우 정부가 토지시장에 개입하게 되는 것을 말한다. 즉, 토지의 공공성과 합리적 사용을 위해 필요한 경우에 한해 법률로써 특별한 제한 또는 의무 부과를 할 수 있도록 한다는 내용이다.
   (3) 「개발이익 환수에 관한 법률」상 "개발이익"이란 개발사업의 시행이나 토지이용계획의 변경, 그 밖에 사회적・경제적 요인에 따라 정상지가상승분을 초과하여 개발사업을 시행하는 자나 토지 점유자에게 귀속되는 토지 가액의 증가분을 말한다.
      ⇨ 토지 점유자 → 토지 소유자

테마 40 | 분양가 규제(상한제)

01 분양가상한제에 관한 설명으로 틀린 것은?

① 분양가상한제의 목적은 주택가격을 안정시키고 무주택자의 신규주택 구입부담을 경감시키기 위해서이다.
② 신규분양주택의 공급증가 현상과 질이 향상될 수 있다.
③ 주택법령상 분양가상한제 적용주택의 분양가격은 택지비와 건축비로 구성된다.
④ 주택법령상 분양가상한제 적용주택 및 그 주택의 입주자로 선정된 지위에 대하여 전매를 제한할 수 있다.
⑤ 주택법령상 사업주체가 일반인에게 공급하는 공동주택 중 공공택지에서 공급하는 도시형 생활주택은 분양가상한제를 적용하지 아니한다.

📕 문제풀이 TIP

1. 목적: 주택가격을 안정, 무주택자의 신규주택구입 부담 경감
2. 문제점: 신규분양주택의 공급감소 현상, 질이 저하
3. 주택법: 사업주체가 일반인에게 공급하는 공동주택 중 공공택지 또는 공공택지 외의 택지에서 주택가격 상승 우려가 있어 국토교통부장관이 주거정책심의위원회 심의를 거쳐 지정하는 지역에서 공급하는 주택의 경우에는 분양가격 이하로 공급하여야 한다. 단, 도시형 생활주택에 대하여는 이를 적용하지 아니한다. 이 경우 분양가격은 택지비와 건축비로 구성된다.

> 분양가 **인하**, 투기수요 **증가(가수요)**, 질적 수준 **저하**, 공급감소, 주택난 **심화**

테마 41 | 임대료 규제정책

01 다음은 임대료 규제정책에 대한 설명이다. 가장 옳은 것은?

① 임대료상한제는 임대주택에 대한 초과공급을 발생시킨다.
② 정부가 임대료 상승을 통제하면 임차인의 주거이전이 촉진될 것이다.
③ 임대료 규제시 장기에 비해 단기에 초과수요가 더 발생할 수 있다.
④ 정부가 임대료 상승을 균형가격 이하로 규제하면 장기적으로 임대주택의 공급량이 감소하기 때문에 임대료 규제의 효과가 충분히 발휘되지 못한다.
⑤ 정부가 임대료 한도를 시장균형임대료보다 높게 설정하면 임대주택시장에 암시장이 형성되어 이중가격이 형성될 수 있다.

🏠 문제풀이 TIP

1. 수요증가, 투자기피, 질적 수준 저하, 공급감소, 이동저하, 암시장(이중가격)
2. 임대료 규제시 '장기', 수요 '탄력', 공급 '탄력'적일수록 초과수요는 '더' 발생

테마 42 | 임대료 보조정책, 공공임대주택정책

01 임대주택정책에 대한 설명으로 가장 옳은 것은?

① 정부가 임차인에게 임대료를 직접 보조해주면 단기적으로 시장임대료는 하락하지만, 장기적으로 시장임대료를 높이게 된다.
② 임대료 보조는 실질소득을 증가시키는 효과를 가져와 임대주택의 수요와 임차인의 효용을 증가시키고, 임대주택의 공급을 감소시킨다.
③ 정부에서 저소득층에게 지급하는 임대료 보조금을 주택재화의 구입에만 사용하도록 한다면, 일반적으로 저소득층의 다른 재화의 소비량은 임대료 보조금 지급 전보다 감소한다.
④ 공급자에게 보조금을 지급하는 방식은 임대주택 임차인에게 보조금을 지급하는 방식보다 임차인의 주거지 선택의 자유를 보장하는 장점이 있다.
⑤ 정부의 공공임대주택공급은 임대료에 대한 이중가격을 형성하므로, 공공임대주택 거주자들은 사적 시장과의 임대료 차액만큼 정부로부터 보조받는 것과 같은 효과를 얻는다. 공공임대주택 공급정책은 입주자가 공공이 공급하는 주택을 선택해야 하기에 주거지 선택이 제한될 수 있다.

🏠 문제풀이 TIP

1. 임대료 규제(공급감소), 단기 – 효과 ○, 장기 – 부작용
   초과수요, 투자기피, 질적 수준 저하, 공급감소, 이동저하, 암시장(이중가격)
2. 임대료 보조(공급증가, 간접개입)
   (1) 수요증가(주택, 비주택 모두), 실질소득증가, 수요측 보조금(주거지 선택자유 보장)
   (2) 단기: 수요증가, 임대료상승, 임대인혜택
   (3) 장기: 공급증가, 임대료하락, 임차인혜택
3. 공공주택(직접개입)
   공공임대주택 공급정책은 입주자가 공공이 공급하는 주택을 선택해야 하기에 주거지 선택이 제한될 수 있다.
4. 각종 부동산정책과 공급의 변화

   - 공급증가: 임대료보조, 선분양
   - 공급감소: 임대료규제, 분양가규제, 후분양, 양도소득세 중과(주택공급 동결효과)

테마 43 　임대료 규제(계산문제)

01 수요함수는 $Q_D = 700 - 2P$, 공급함수는 $Q_S = 100 + P$일 때 정부가 임대료를 100만원/㎡, 300만원/㎡으로 규제하는 경우의 나타나는 현상을 각각 알맞게 나열한 것은?

	100만원/㎡ 규제	300만원/㎡ 규제
①	초과수요 300㎡	초과공급 300㎡
②	초과수요 300㎡	아무런 변화 없다.
③	아무런 변화 없다.	초과수요 300㎡
④	초과수요 100㎡	초과공급 300㎡
⑤	아무런 변화 없다.	아무런 변화 없다.

🏠 문제풀이 TIP
1. 시장임대료 < 규제임대료(높게 규제) : 아무런 변화 없음
2. 시장임대료 > 규제임대료(낮게 규제) : 임대료 하락, 초과수요(수요증가, 공급감소)

테마 44 　공공주택 특별법령상 공공임대주택

01 다음 중 공공주택 특별법령상 공공임대주택에 대한 설명으로 옳은 것은?
① 공공임대주택은 한국토지주택공사가 외부재원의 지원 없이 자체자금으로 건설하여 임대를 목적으로 공급하는 주택을 말한다.
② 영구임대주택은 국가나 지방자치단체의 재정이나 주택도시기금의 자금을 지원받아 저소득 서민의 주거안정을 위하여 30년 이상 장기간 임대를 목적으로 공급하는 공공임대주택을 말한다.
③ 장기전세주택은 국가나 지방자치단체의 재정이나 주택도시기금의 자금을 지원받아 대학생, 사회초년생, 신혼부부 등 젊은 층의 주거안정을 목적으로 공급하는 공공임대주택을 말한다.
④ 통합공공임대주택은 국가나 지방자치단체의 재정이나 주택도시기금의 자금을 지원받아 최저소득 계층, 저소득 서민, 젊은 층 및 장애인·국가유공자 등 사회 취약계층 등의 주거안정을 목적으로 공급하는 공공임대주택을 말한다.
⑤ 행복주택은 국가나 지방자치단체의 재정이나 주택도시기금의 자금을 지원받아 전세계약의 방식으로 공급하는 공공임대주택을 말한다.

🏠 문제풀이 TIP

1. **공공주택**: 공공주택사업자가 국가 또는 지방자치단체의 재정이나 주택도시기금을 지원받아 이 법 또는 다른 법률에 따라 건설, 매입 또는 임차하여 공급하는 주택
   (1) **공공임대주택**: 임대 또는 임대한 후 분양전환을 할 목적으로 공급하는 주택
      ① 공공건설임대주택: 공공주택사업자가 직접 건설 ○
      ② 공공매입임대주택: 공공주택사업자가 직접 건설 × (매매 등으로 취득)
   (2) **공공분양주택**: 분양을 목적으로 공급하는 주택으로서 국민주택규모 이하의 주택

   > 「공공주택 특별법 시행령」 제2조 【공공임대주택】 ☼ **암기법**: 영국행통장분기기
   > ① **영구**임대주택: **최저소득**, 50년 이상 또는 영구적
   > ② **국민**임대주택: **저소득서민**, 30년 이상
   > ③ **행복**주택: 대학생, 사회초년생, 신혼부부 등 **젊은 층**
   > ④ **통합공공임대주택**: 최저소득 계층, 저소득 서민, 젊은 층 및 **장애인·국가유공자** 등 **사회취약**계층
   > ⑤ **장기전세주택**: **전세계약**의 방식
   > ⑥ **분양전환공공임대주택**: 임대 후 **분양전환할 목적**
   > ⑦ **기존주택등매입임대주택**: 기존주택을 **매입**, 공급
   > ⑧ **기존주택전세임대주택**: 기존주택을 **임차**, **전대**

2. **민간임대주택**
   (1) **공공지원**민간임대주택: 주택도시기금의 출자, 10년 이상
   (2) **장기일반**민간임대주택: 공공지원민간임대×, 10년 이상(**아파트를 매입하는 민간매입임대주택은 제외**)
   (3) 단기민간임대주택: 임대사업자가 6년 이상 임대할 목적으로 취득하여 임대하는 민간임대주택(아파트는 제외한다)

테마 45 선분양과 후분양

01 아파트 분양시기와 관련된 제도인 선분양제도와 후분양제도의 비교 설명 중 틀린 것은?

① 후분양제도에서 주택의 품질이 개선되고, 개발업자의 시장위험이 커지며 분양가는 높아진다.
② 선분양제도하에서는 주택건설업체의 건설자금 조달이 곤란하여, 장기적으로 주택공급은 감소될 수 있다.
③ 선분양제도에서 청약 가수요 증가로 투기적 수요가 증가할 것이다.
④ 선분양제도는 영세건설업체 등도 주택건설업에 참여할 수 있으나 건설업체 부도시 소비자 피해 위험이 있으므로 이에 대한 대책으로 주택도시보증공사가 있다.
⑤ 후분양제도에서는 저소득층의 목돈 마련 부담 때문에 MBS 발행을 통한 장기모기지론 등이 필요하고 건설업체의 건설자금난을 해결하기 위해 프로젝트파이낸싱 등이 필요하다.

📌 문제풀이 TIP

선분양제도(분양 후 건축)	후분양제도(건축 후 분양)
① 공급자 중심, 견본주택 필요	① 수요자 중심, 견본주택 불필요
② 투기증가, 소비자 이자부담(사업자 부담↓), 품질 저하	② 투기감소, 공급자 이자부담(사업자 부담↑), 품질 향상
③ 소비자 목돈 부담 없음, 공급증가	③ 소비자 목돈 부담 있음, 공급감소

테마 46 조세정책

01 조세정책에 대한 설명이다. 가장 옳은 것은?

① 공급보다 수요가 더 탄력적이면 재산세 부담액은 임대인보다 임차인이 더 크다.
② 수요곡선이 수평이라면 재산세가 중과되어도 주택의 임대료가 상승하지 않는다.
③ 공급이 완전탄력적인 경우에는 임대인이 전액 조세를 부담하게 된다.
④ 일반적으로 세율을 모든 주택에 일률적으로 인상할 때 고소득층이 상대적으로 손해가 되고, 저소득자의 부담이 상대적으로 줄어들게 되는 역진세적 효과가 나타난다.
⑤ 차등비율의 누진세가 부과되는 경우에는 저소득층이 조세부담을 많이 하는 문제를 완화시킬 수 있어 수평적 형평을 달성할 수 있다.

📌 문제풀이 TIP

1. 수요탄력 : **공급자 많이 부담**, 수요비탄력 : **수요자 많이 부담**
2. 공급탄력 : **수요자 많이 부담**, 공급비탄력 : **공급자 많이 부담**
3. 수요완전비탄력, 공급완전탄력 : **수요자 전부, 조세부과액 크기만큼 임대료상승**
4. 수요완전탄력, 공급완전비탄력 : **공급자 전부, 전가×, 임대료불변**
5. **동일비율의 과세** : **고소득 혜택**, 저소득 손해, **역진세적** 성격
6. **수직적 형평**을 달성하기 위해서 **누진세(차등과세)**가 효과적

테마 47 부동산조세

01 부동산조세에 관한 설명으로 옳은 것은?
① 양도소득세가 중과되면 주택공급의 동결효과로 인해 주택가격은 하락하게 된다.
② 단위당 1,000원의 조세가 부과되고 수요의 가격탄력성이 2.0이고, 공급의 가격탄력성이 3.0이라고 할 때, 생산자가 600원에 세금을 부담하게 된다.
③ 토지에 대한 보유과세는 토지이용을 촉진하며, 토지이용을 특정방향으로 유도하기 위해 정부가 토지보유세를 부과할 때에는 토지용도에 따라 동일하게 과세를 하여야 한다.
④ 토지의 공급이 완전탄력적인 상황에서 토지보유세가 부과되더라도 자원배분의 왜곡이 초래되지 않는다.
⑤ 헨리조지는 토지에서 나오는 지대수입을 100% 징세할 경우, 토지세 수입만으로 재정을 충당할 수 있다고 주장하였다.

02 우리나라의 부동산조세정책에 관한 설명으로 옳은 것을 모두 고른 것은? 2023년 감정평가사

  ㉠ 부가가치세와 등록면허세는 국세에 속한다.
  ㉡ 재산세와 상속세는 신고납부방식이다.
  ㉢ 증여세와 재산세는 부동산의 보유단계에 부과한다.
  ㉣ 상속세와 증여세는 누진세율을 적용한다.

① ㉣ ② ㉠, ㉣ ③ ㉡, ㉢
④ ㉠, ㉡, ㉢ ⑤ ㉠, ㉡, ㉣

03 우리나라의 부동산조세제도에 관한 설명으로 옳지 않은 것은?
① 양도소득세와 취득세는 신고납부방식이다.
② 취득세와 증여세는 부동산의 취득단계에 부과한다.
③ 양도소득세와 종합부동산세는 국세에 속한다.
④ 상속세와 증여세는 누진세율을 적용한다.
⑤ 종합부동산세와 재산세의 과세기준일은 매년 6월 30일이다.

04 지방세기본법상 부동산관련 조세 중 시·군세(광역시의 군세 포함)에 해당하는 것으로 옳게 묶인 것은? 감정평가사 35회
① 취득세, 지방소득세 ② 재산세, 지방소비세
③ 재산세, 지방소득세 ④ 취득세, 등록면허세
⑤ 등록면허세, 지방소비세

🏠 문제풀이 TIP

1. **양도세 중과시**: 주택공급 동결효과, 공급감소, 가격상승
2. **보유세**: 이용촉진, 투기×, **효율적**, 자원배분왜곡 초래×(**차등과세, 공급비탄력**)
3. 공급이 완전비탄력적인 경우 보유세가 부과되더라도 **자원배분의 왜곡이 초래되지 않는다.**
4. **헨리조지의 토지단일세론**: 토지에서 나오는 지대수입을 100% 징세할 경우, **토지세 수입만으로 재정을 충당**할 수 있다고 주장
5. 국세와 지방세, 단계별 조세

   (1) 국세와 지방세

국 세	지방세
국가인 중앙정부가 부과·징수하는 조세	지방자치단체가 부과·징수하는 조세
(양도)소득세, 종합부동산세, 부가가치세, 인지세, 상속세, 증여세	재산세, 취득세, 등록면허세, 지방소득세

   (2) 단계별 조세

구 분	취득단계	보유단계	처분단계
국 세	인지세, 상속세, 증여세	종합부동산세	양도소득세
지방세	취득세, 등록면허세	재산세	지방소득세

   취득세와 양도소득세는 거래세이고, 재산세와 종합부동산세는 보유세이다.

   (3) 세금의 종류

   ☆ **암기법**: **거지보국**

   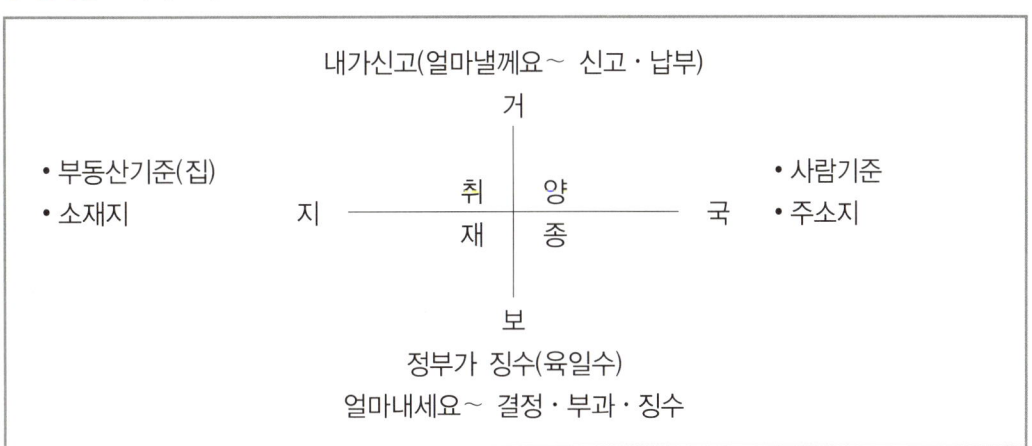

   ▶ 종합부동산세와 재산세의 과세기준일은 매년 6월 1일이다.
   - 거래세: 양도소득세와 취득세는 신고납부방식이다.(내가 신고)
   - 보유세: 종합부동산세와 재산세(정부가 징수)

   (4) • 시군세: 재산세, 지방소득세, 주민세, 자동차세, 담배소비세
   • 도세: 취득세, 등록면허세, 지방소비세, 레저세, 지역자원시설세, 지방교육세

05 조세의 분류에 관한 설명으로 옳은 것은?

① 조세부담의 전가여부에 따라 보통세와 목적세로 분류한다.
② 과세권자에 따라 직접세와 간접세로 분류한다.
③ 납세자의 담세능력 고려여부에 따라 인세와 물세로 분류한다.
④ 과세표준의 계산단위에 따라 독립세와 부가세로 분류한다.
⑤ 독립된 세원 유무에 따라 종가세와 종량세로 분류한다.

🏠 문제풀이 TIP

① 사용목적에 따라 보통세와 목적세로 분류한다.
② 조세부담의 전가여부에 따라 직접세와 간접세로 분류한다.
④ 독립된 세원 유무에 따라 독립세와 부가세로 분류한다.
⑤ 과세표준의 계산단위에 따라 종가세와 종량세로 분류한다.

☑ 조세의 분류

1. 조세부담의 전가: 직접세, 간접세
2. 과세권자: 국세, 지방세
3. 사용목적: 보통세, 목적세
4. 납세자의 담세능력 고려: 인세, 물세
5. 과세표준의 계산단위: 종가세, 종량세
6. 독립된 세원 유무: 독립세, 부가세

---

06 취득세 부과 대상물건의 취득은 승계취득·원시취득·간주취득으로 분류하는바, 원시취득에 해당하지 않는 것은? 감정평가사 36회

① 간척에 의한 토지의 취득
② 증축에 의한 건축물의 취득
③ 제조에 의한 항공기의 취득
④ 종류변경에 의한 차량의 취득
⑤ 공유수면매립에 의한 토지의 취득

🏠 문제풀이 TIP

④ 종류변경에 의한 차량의 취득은 간주취득에 속한다.

☑ 취득의 구분

1. 원시취득: 건축의 신축과 재축, 토지의 매립과 간척, 차량·기계장비·선박·항공기 등의 제조·조립·건조
2. 승계취득: 유상(매매, 교환, 현물출자), 무상(상속, 증여)
3. 간주취득: 토지의 지목변경, 차량의 종류변경, 건축물의 개수, 과점주주 주식취득

Chapter 05 부동산 투자론

테마 48 지렛대 효과(leverage effect)

01 부동산투자의 레버리지효과에 관한 설명으로 옳은 것을 모두 고른 것은? (단, 주어진 조건에 한함)

> ㉠ 타인자본의 이용으로 레버리지를 활용하면 위험이 감소된다.
> ㉡ 부채비율이 50%, 총자본수익률(또는 종합수익률)이 10%, 저당수익률이 8%라면 자기자본수익률은 11%이다.
> ㉢ 부(−)의 레버리지효과가 발생할 경우 부채비율을 낮추어서 정(+)의 레버리지효과로 전환할 수 있다.
> ㉣ 총자본수익률과 저당수익률이 동일한 경우 부채비율의 변화는 자기자본수익률에 영향을 미치지 못한다.

① ㉠, ㉢ ② ㉡, ㉢ ③ ㉡, ㉣
④ ㉠, ㉡, ㉢ ⑤ ㉠, ㉢, ㉣

🏠 **문제풀이 TIP**
자기자본수익률은 종합수익률 + (종합수익률 − 저당수익률) × 부채투자 / 지분투자이고, 계산을 하면 10% + (10% − 8%) × 50 / 100(0.5) = 10% + 1% = 11%

02 부동산투자에서 레버리지(leverage)에 관한 설명으로 옳지 않은 것은? 2019년 감정평가사

① 총투자수익률에서 지분투자수익률을 차감하여 정(+)의 수익률이 나오는 경우에는 정(+)의 레버리지가 발생한다.
② 차입이자율이 총투자수익률보다 높은 경우에는 부(-)의 레버리지가 발생한다.
③ 정(+)의 레버리지는 이자율의 변화 등에 따라 부(-)의 레버리지로 변화될 수 있다.
④ 부채비율이 상승할수록 레버리지 효과로 인한 지분투자자의 수익률 증대효과가 있지만, 한편으로는 차입금리의 상승으로 지분투자자의 수익률 감소효과도 발생한다.
⑤ 대출기간 연장을 통하여 기간이자 상환액을 줄이는 것은 부(-)의 레버리지 발생시 적용할 수 있는 대안 중 하나이다.

🏠 **문제풀이 TIP**

1. 부채: 지분수익률 **증가**, 위험 **증가**
2. 지렛대 효과(leverage effect)
   (1) 정의 지렛대: **지**분수익률 > **총**자본수익률 > **저**당수익률(금리, 이자율)
   (2) 부의 지렛대: **지**분수익률 < **총**자본수익률 < **저**당수익률(금리, 이자율)
   (3) 0의 지렛대: **지**분수익률 = **총**자본수익률 = **저**당수익률(금리, 이자율)

☑ **출제포인트**

1. 타인자본의 이용으로 레버리지를 활용하면 위험이 증가된다.
2. '**지**분, **총**자본, **저**당'수익률의 순서로 셋팅 후 **부등호의 방향**으로 지렛대효과를 구분한다.
3. 정(+)의 레버리지효과를 예상하고 투자했을 경우에도, 부채비율이 커질수록 투자위험은 **증가**한다.
4. 부채비율이 커질수록
   (1) 정(+)의 레버리지는 **자기자본수익률이 상승**
   (2) 부(-)의 레버리지는 **자기자본수익률이 하락**
   (3) 중립적 레버리지에서는 **자기자본수익률이 불변**한다. 즉, 중립적 레버리지에서는 부채비율의 변화는 자기자본수익률에 영향을 미치지 못한다.
5. 부의 레버리지효과가 발생할 경우에는 부채비율을 낮추어도 정의 레버리지효과로 전환할 수 **없다**. (이자율을 낮추면 전환할 수 있다.)

테마 49 지렛대 효과(leverage effect) 자기자본수익률(계산문제) 27·29·33회

01 투자자 甲은 연간 10억원의 순영업소득이 예상되는 각각의 임대상가에 투자하려고 한다. 다음의 조건에 의하여 각 상가의 자기자본수익률을 계산하면?

구 분	A임대상가	B임대상가	C임대상가
투자금액	50억원	50억원	50억원
지분투자	50억원	10억원	10억원
저당투자	0원	40억(금리 10%)	40억(금리 10%)
가격상승률	변동 없음	변동 없음	연 4% 상승

	A임대상가	B임대상가	C임대상가
①	10%	40%	60%
②	10%	60%	60%
③	20%	40%	80%
④	20%	60%	70%
⑤	20%	60%	80%

🏠 문제풀이 TIP

- A상가 $= \dfrac{10억원}{50억원} = 20\%$

- B상가 $= \dfrac{10억원 - 4억원}{10억원} = 60\%$

- C상가 $= \dfrac{10억원 + 2억원 - 4억원}{10억원} = 80\%$

테마 50   부동산투자의 위험

01 부동산투자의 위험에 대한 설명으로 가장 옳은 것은?
① 장래에 인플레이션이 예상되는 경우 대출자는 변동이자율 대신 고정이자율로 대출하기를 선호한다.
② 전액 자기자본으로 투자하는 경우 인플레 위험은 발생하지 않는다.
③ 금융적 위험은 투자부동산을 현금으로 전환하는 과정에서 발생하는 시장가치의 손실가능성을 말한다.
④ 포트폴리오에 편입되는 투자안의 수를 늘리면 늘릴수록 체계적인 위험이 감소되는 것을 포트폴리오효과라고 한다.
⑤ 투자자의 요구수익률은 체계적 위험이 증대됨에 따라 아울러 상승한다.

02 다음과 같은 이유들로 인해 나타날 수 있는 부동산투자의 위험은? 2018년 감정평가사

- 근로자의 파업 가능성
- 관리자의 관리 능력
- 영업경비의 증가
- 임대료의 연체

① 인플레이션위험
② 금융위험
③ 유동성위험
④ 입지위험
⑤ 운영위험

🔔 문제풀이 TIP

1. 부동산투자의 위험: **사업**(시. 운. 위치), **금융**, **법적**, **인플레**(구매력), **유동성**(현금화)
2. 인플레시 대출자들은 **변동**이자율을 선호하고, 요구수익률은 **상승**한다.
3. **부채**를 사용하면 지분수익률도 커지지만, 금융적 위험도 커진다.
4. 총위험 = 체계적 위험 + 비체계적 위험

체계적 위험	비체계적 위험
① 피할 수 **없는** 위험	① 피할 수 **있는** 위험
② **모든** 부동산	② **개별** 부동산만
③ 위험과 수익의 상쇄 관계	③ P를 통해 제거하려는 위험
④ 인플레, 이자율, 경기변동	④ 파업, 법적, 경비변동

5. 상관계수(-1), **비체계적** 위험 zero가능, 체계적 위험 전혀 제거 ✕

테마 51 | 기대수익률의 계산, 기대수익률과 분산의 계산, 포트폴리오의 기대수익률, 투자가치 27·29·30·34·35회

01 미래의 경제환경 조건에 따라 추정된 수익률의 예상치가 아래와 같다고 가정할 때 기대수익률과 투자선택을 판단하면? (단, 투자자의 요구수익률은 8%이다.)

경제환경변수	발생확률(%)	수익률(%)
비관적	30	4.0
정상적	50	8.0
낙관적	20	13.0

① 6.8%, 투자채택 ② 6.8%, 투자기각
③ 7.8%, 투자채택 ④ 7.8%, 투자기각
⑤ 8.8%, 투자채택

계산기 (30×4%) (50×8%) (20×13%) GT = 7.8%

02 상가 경제상황별 예측된 확률이 다음과 같을 때 상가의 기대수익률이 8%라고 한다. 낙관적 경제상황의 경우 ( )에 들어갈 예상수익률은? (단, 주어진 조건에 한함)

상가의 경제상황		경제상황별 예상수익률(%)	상가의 기대수익률(%)
상황별	확률(%)		
비관적	20	4	8
정상적	40	8	
낙관적	40	( )	

① 4 ② 6 ③ 8
④ 10 ⑤ 12

🔹 **문제풀이 TIP**

④ 기대수익률 = (20% × 4%) + (40% × 8%) + (40% × □%) = 8%

$$\text{기대수익률} = \frac{(20\% \times 4\%)}{0.8\%} + \frac{(40\% \times 8\%)}{3.2\%} + \frac{(40\% \times \square\%)}{4.0\%} = 8\%$$

□ = 10%, 따라서 낙관적인 경제상황에서 예상수익률은 10%가 된다.

03 다음과 같은 투자안에서 부동산의 투자가치는? (단, 연간 기준이며, 주어진 조건에 한함)

34회

- 무위험률: 3%
- 예상인플레이션율: 2%
- 위험할증률: 4%
- 예상순수익: 4,500만원

① 4억원 ② 4억 5천만원 ③ 5억원
④ 5억 5천만원 ⑤ 6억원

🏠 **문제풀이 TIP**

투자가치 = $\dfrac{\text{예상순수익}}{\text{요구수익률}}$ = $\dfrac{4,500\text{만원}}{\text{무위험률}(3\%) + \text{위험할증률}(4\%) + \text{예상인플레이션율}(2\%) = 9\%}$

---

04 A, B, C 3개의 부동산 자산으로 이루어진 포트폴리오가 있다. 이 포트폴리오의 자산비중 및 경제상황별 예상 수익률 분포가 다음 표와 같을 때 전체 포트폴리오의 기대수익률은? (다만, 호황과 불황의 확률은 각각 50%임)

구 분	포트폴리오 비중(%)	경제상황별 예상수익률(%)	
		호 황	불 황
A부동산	20	6	4
B부동산	30	8	4
C부동산	50	10	2

① 5.0% ② 5.2% ③ 5.4%
④ 5.6% ⑤ 5.8%

---

05 자산비중 및 경제상황별 예상수익률이 다음과 같을 때, 전체 구성자산의 기대수익률은? (단, 확률은 호황 40%, 불황 60%임)

구 분	포트폴리오 비중(%)	경제상황별 수익률(%)	
		호 황	불 황
상 가	20	20	10
오피스텔	30	25	10
아파트	50	10	8

① 11.5% ② 12.0% ③ 12.5%
④ 13.0% ⑤ 13.5%

🏠 문제풀이 TIP

구 분	자산비중	경제상황별 예상수익률			
		호황(40%)		불황(60%)	
상 가	20%	20%	400	10%	200
오피스텔	30%	25%	750	10%	300
아파트	50%	10%	500	8%	400
			1,650		900

계산기 (1,650 × 40%) (900 × 60%) GT = 1,200(12%)

🏠 문제풀이 TIP
1. 기대수익률 측정: 확률, 수익률 ⇨ 곱해서 더한다.
2. 포트폴리오의 기대수익률 측정: 비중, 수익률 ⇨ 곱해서 더한다. (총투자액의 크기와 관련 없음)

> 1. 기대수익률 = (확률 × 수익률) + (확률 × 수익률)
> 2. 포트폴리오의 기대수익률 = (비중 × 수익률) + (비중 × 수익률)

테마 52 부동산투자의 위험과 수익

01 부동산투자의 위험과 수익에 대한 설명으로 옳은 것은?
① A투자안과 B투자안의 기대수익률이 같은 경우, A보다 B의 기대수익률의 표준편차가 더 크다면 B투자안이 선호된다.
② 투자자가 위험을 회피할수록 위험(X축)과 기대수익률(Y축)의 관계를 나타낸 투자자의 무차별곡선의 기울기는 완만하게 된다.
③ 투자 위험(표준편차)과 기대수익률은 부(−)의 상관관계를 가진다.
④ 무위험(수익)률의 상승은 투자자의 요구수익률을 상승시키는 요인이다.
⑤ 투자자산 간의 상관계수가 1보다 작을 경우, 포트폴리오 구성을 통한 위험절감 효과가 나타나지 않는다.

02 부동산 수익률에 관한 설명으로 옳지 않은 것을 모두 고른 것은? 2019년 감정평가사

㉠ 요구수익률이란 투자자가 투자하기 위한 최대한의 수익률을 말하는 것으로 시간에 대한 비용은 고려하지 않는다.
㉡ 실현수익률이란 투자가 이루어지고 난 후 현실적으로 달성된 수익률로서 역사적 수익률을 의미한다.
㉢ 기대수익률이 요구수익률보다 높으면, 대상부동산에 대하여 수요가 증가하여 기대수익률이 상승한다.

① ㉠   ② ㉢   ③ ㉠, ㉡
④ ㉠, ㉢   ⑤ ㉠, ㉡, ㉢

03 부동산투자에서 위험과 수익에 관한 설명으로 옳지 않은 것은? (단, 주어진 조건에 한함) 2020년 감정평가사

① 투자자의 요구수익률에는 위험할증률이 포함된다.
② 투자자가 위험기피자일 경우, 위험이 증가할수록 투자자의 요구수익률도 증가한다.
③ 투자자의 개별적인 위험혐오도에 따라 무위험률이 결정된다.
④ 체계적 위험은 분산투자에 의해 제거될 수 없다.
⑤ 위험조정할인율이란 장래 기대소득을 현재가치로 할인할 때 위험한 투자일수록 높은 할인율을 적용하는 것을 말한다.

🏠 문제풀이 TIP

1. 기대 > 요구 : 수요증가, 가격상승, 기대수익률 **하락**, 균형
2. 기대 < 요구 : 수요감소, 가격하락, 기대수익률 **상승**, 균형
3. 기대수익률 : **예상수익률, 내부수익률, 곱해서 더한다.**
4. 요구수익률 : **무위험률(시간) + 위험할증률(위험) + 예상인플레(가치상승분 −)**
5. 요구수익률 : **기회비용, 필수수익률, 주관적 수익률, 위험조정률, 할인율**

04 부동산의 투자과정에서 수익률에 관한 설명으로 옳은 것은? (단, 주어진 조건에 한함)

감정평가사 36회

① 기대수익률은 본질적으로 사후적 수익률을 의미한다.
② 기대수익률은 시장이자율에 비례하고, 자산의 위험에도 비례한다.
③ 기대수익률이 요구수익률보다 높으면, 대상부동산의 수요가 증가하여 요구수익률이 하락한다.
④ 명목이자율로서 무위험이자율은 실질이자율에서 물가상승률을 차감한 값이다.
⑤ 내부수익률이 요구수익률보다 큰 경우나 순현재가치가 1보다 큰 경우에는 투자하지 않는다.

🏠 **문제풀이 TIP**

① 기대수익률은 본질적으로 사전적 수익률을 의미한다.
③ 기대수익률이 요구수익률보다 높으면, 대상부동산의 수요가 증가하여 기대수익률이 하락한다.
④ 실질이자율로서 무위험이자율은 명목이자율에서 물가상승률을 차감한 값이다.
⑤ 내부수익률이 요구수익률보다 작은 경우나 순현재가치가 0보다 작은 경우에는 투자하지 않는다.

테마 53 위험혐오적 투자자

01 부동산투자의 위험, 수익에 관한 설명으로 가장 옳은 것은?

① 위험혐오적 투자자라 할지라도 대가가 주어지거나 피할 수 없는 위험의 경우에는 기꺼이 감수한다.
② 위험관리 방법으로 요구수익률을 하향조정하고, 민감도 분석, 평균분산분석 등을 실시한다.
③ 동일위험에서 보수적 투자자가 요구하는 위험대가는 낮고, 공격적 투자자가 요구하는 위험대가는 높기 때문에 요구수익률은 주관적이다.
④ 공격적 투자자의 요구수익률선의 기울기가 보수적 투자자의 요구수익률선의 기울기보다 가파르다.
⑤ 위험을 나타내는 척도로 수익률의 분산 또는 표준편차를 사용하며 기대수익률로 측정할 수도 있다.

🏠 문제풀이 TIP

1. 동일위험 : **공격적 투자자**(낮은 수익요구, 완만), **보수적 투자자**(높은 수익요구, 가파름)

2. 위험의 측정지표 : 분산, 표준편차, 변이계수($\frac{위험}{수익}$)⬇

3. 수익의 측정지표 : 기대수익률, 평균

02 다음은 일정기간 부동산자산과 금융자산의 투자 자료이다. 이 경우 합리적인 투자자가 가장 선호할 자산은? (단, 주어진 자료에 한함) 감정평가사 36회

자산구분	토 지	아파트	오피스	채 권	주 식
수익률	0.82%	0.95%	2.23%	0.99%	1.90%
표준편차	1.17%	2.19%	1.05%	1.05%	8.11%

① 오피스 ② 채권 ③ 아파트
④ 주식 ⑤ 토지

🏠 문제풀이 TIP

① 합리적인(위험회피형) 투자자는 위험(표준편차)은 가장 낮고, 수익(수익률)은 가장 높은 오피스에 투자할 것이다.

테마 54   위험의 처리방법, 위험의 관리방법

01 다음은 위험의 처리방법에 대한 설명이다. 가장 올바른 것은?
① 국채나 정기예금과 같은 무위험자산에만 투자하는 방법을 '위험한 투자를 전가시키는 방법'이라고 하며 이 또한 투자의 적절한 한 방법으로 사용된다.
② 투자대상으로부터 예측되는 투자수익을 가능한 한 높게 예측하는 것을 보수적 예측이라 한다.
③ 준비금이나 충당금을 설정함으로써 위험을 보유하기도 한다.
④ 위험조정할인율의 사용이란 투자로부터 기대되는 미래수익을 현재가치로 환원할 때 위험한 투자일수록 낮은 할인율을 적용하는 방법이다.
⑤ 민감도 분석을 통해 위험을 전가시킬 수 있다.

02 부동산투자시 위험과 수익과의 관계에 관한 설명으로 옳은 것을 모두 고른 것은?
                                                                2017년 감정평가사

⊙ 위험회피형 투자자는 위험 증가에 따른 보상으로 높은 기대수익률을 요구한다.
⊙ 위험과 수익과의 상쇄관계는 위험이 크면 클수록 요구하는 수익률이 작아지는 것을 의미한다.
⊙ 위험의 크기에 관계없이 기대수익률에만 의존해서 행동하는 투자유형을 위험선호형이라 한다.
⊙ 요구수익률은 무위험률과 위험할증률을 합산하여 계산해야 한다.
⊙ 평균−분산모형에서 기대수익률이 같다면 위험이 작은 투자안을 선택하고, 위험이 같다면 기대수익률이 높은 투자안을 선택하는 투자안의 선택기준을 지배원리(dominance principle)라고 한다.

① ㉠, ㉡
② ㉡, ㉢
③ ㉠, ㉣, ㉤
④ ㉡, ㉢, ㉤
⑤ ㉢, ㉣, ㉤

🏠 문제풀이 TIP

1. 위험의 처리 및 관리방법

위험의 [전가]	제3자에게 위험을 떠넘김 ⇨ **계약** [보험, 임대료인상, 변동금리]
위험의 [회피]	위험한 투자를 투자대안에서 **제외**
위험보유	준비금, 충당금
보수적 예측	① 수익을 가능한 한 (높게, **낮게**) 위험이나 **비용은 높게** 예측하는 방법 ② ★ 기대수익률의 (상향조정, **하향조정**) : 수익의 하향추계 💡 암기법 : 기하요상
위험조정할인율	① 위험한 투자안일수록 [**높은**, 낮은] 할인율을 적용하여 분석 ② 위험이 증가함에 따라 요구수익률을 [**높이는**, 낮추는] 방법 ③ ★ 요구수익률의 [**상향조정**, 하향조정]을 통한 위험처리방법
[민감도(감응도)]	투자효과를 분석하는 모형의 **투입요소가 변화**함에 따라 그 **결과치**가 어떠한 영향을 받는가를 분석하는 투자분석기법

2. 위험에 대한 투자자의 태도

위험추구(선호)형	높은 수익률을 획득할 기회를 얻기 위해 위험을 기꺼이 감수한다.
위험(중립)형	위험의 크기에 관계없이 기대수익률에만 의존해서 행동하는 투자유형
위험회피(혐오)형	투자자는 위험증가에 따른 보상으로 높은 기대수익률을 요구한다. 보수적과 공격적으로 구분

(1) 동일 위험 ⇨ 회피형 투자자 중에서 **보수적 투자자의 요구수익률**이 공격적 투자자보다 [높은]편
(2) 위험회피형 중에서 **공격적 투자자**는 보수적 투자자에 비해 **위험이 높더라도 수익이 높은 투자안**을 선호

테마 55 　포트폴리오 이론

01　포트폴리오 이론에 대한 설명이다. 가장 옳은 것은?

① 포트폴리오를 구성한다고 해서 비체계적 위험까지 제거되는 것은 아니다.
② 상관계수 값이 (-1)인 경우 비체계적 위험은 완전히 제거되는 것은 아니다.
③ 상관계수가 (+1)값을 갖는 경우를 제외하면, 상관계수가 양(+)의 값을 갖는 경우에도 포트폴리오 효과가 있다.
④ 부동산의 경우에는 부동성과 용도의 다양성으로 인해 지역별·용도별 포트폴리오의 구성이 곤란하다.
⑤ 효율적 프론티어와 투자자의 무차별곡선이 교차하는 점에서 최적의 포트폴리오가 결정된다.

02　포트폴리오 이론에 따른 부동산투자의 포트폴리오 분석에 관한 설명으로 옳지 않은 것은?
　　　　　　　　　　　　　　　　　　　　　　　　　　　　2018년 감정평가사

① 체계적 위험은 분산투자를 통해서도 회피할 수 없다.
② 위험과 수익은 상쇄관계에 있으므로 효율적 투자선은 우하향하는 곡선이다.
③ 투자자의 무차별곡선과 효율적 투자선의 접점에서 포트폴리오가 선택된다.
④ 비체계적 위험은 개별적인 부동산의 특성으로 야기되며 분산투자 등으로 회피할 수 있다.
⑤ 포트폴리오 구성자산의 수익률 간 상관계수가 '-1'인 경우는 상관계수가 '1'인 경우에 비해서 위험 회피효과가 더 크다.

🔹 문제풀이 TIP

1. 포트폴리오를 통해 제거하려는 위험은 **비체계적 위험**이다.
2. 자산수 多, 다른(반대) 방향, 상관계수⬇(-1) : 포트폴리오 효과는 커진다.
3. 상관계수
　(1) 상관계수(+1) : 비체계적 위험은 **전혀 제거**× (+값의 경우 효과 **있음**)
　(2) 상관계수(+) : 유사한 방향, 포트폴리오 효과 있음, 효과 小
　(3) 상관계수(-) : 다른 방향, 포트폴리오 효과 있음, 효과 大
　(4) 상관계수(-1) : **비체계적 위험이 완전히 제거**(zero)
4. 부동성, 용도의 다양성 : **지역별·용도별**로 다양한 포트폴리오 구성 **가능(용이)**
5. 효율적 전선(프론티어) : 효율적 포트폴리오의 **집합**, **우상향**, 위험과 수익 **비례**
6. 무차별곡선 : 투자자의 위험에 대한 **태도**, **아래로 볼록** 우상향, **위험회피적**
7. 최적의 포트폴리오 : 효율적 전선과 무차별곡선이 **접하는** 점(교차점×)

테마 56　효율적 전선

01 다음의 효율적 전선을 나타낸 그림에 대한 설명으로 가장 옳은 것은?

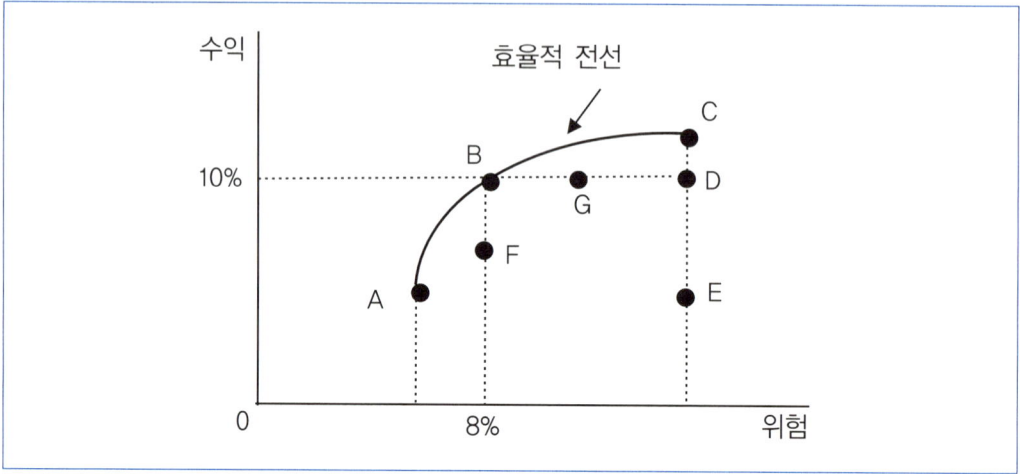

① 'A+B+C' 포트폴리오의 분산효과가 'A+C' 포트폴리오의 분산효과보다 더 작다.
② 투자안 C가 B보다 수익이 높다고 할 수는 있다.
③ 투자자는 위험도 8%에서 F투자안에 투자할 것이다.
④ E투자안은 C투자안과 D투자안을 지배한다.
⑤ A를 선택하는 투자자는 상대적으로 공격적인 투자자라면, C를 선택하는 투자자는 상대적으로 소극적인 투자자이다.

테마 57 │ 현금수지 측정

01 다음 중 가장 바르게 연결된 것은?

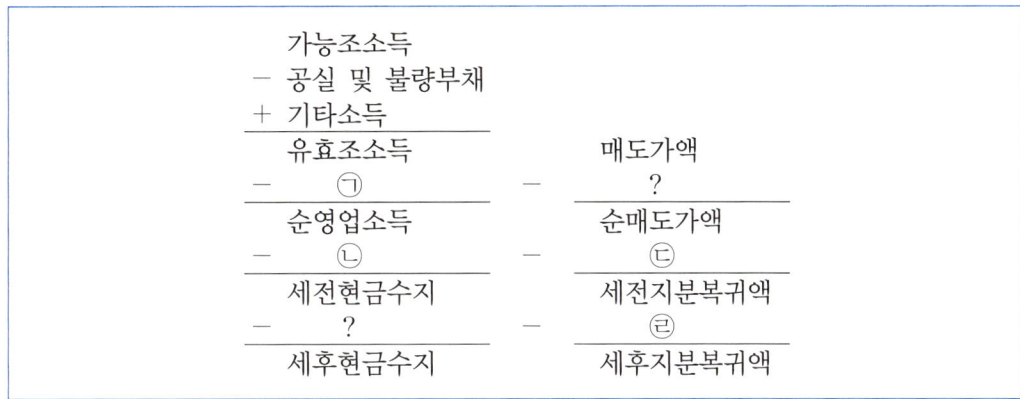

	㉠	㉡	㉢	㉣
①	영업경비	저당지불액	부채서비스액	자본이득세
②	영업경비	부채서비스액	미상환저당잔금	영업소득세
③	영업경비	저당지불액	미상환저당잔금	자본이득세
④	매도경비	부채서비스액	미상환저당잔금	자본이득세
⑤	영업경비	영업소득세	저당지불액	자본이득세

02 다음 중 순영업소득 산정에 필요한 항목은 모두 몇 개인가?

㉠ 임대료수입	㉡ 영업소득세	㉢ 재산세
㉣ 이자상환액	㉤ 영업외수입	㉥ 공실 및 대손충당금
㉦ 화재보험료	㉧ 감가상각비	㉨ 원금상환액

① 3개　　　　② 4개　　　　③ 5개
④ 6개　　　　⑤ 7개

03 영업수지의 추계과정에 대해 기술하였다. 가장 옳은 것은?

① 유효총소득에서 공실 및 불량채권에 대한 충당금을 차감하고 기타소득을 더하여 가능총소득을 추계하였다.
② 회수 불가능한 임대료수입은 영업경비에 포함하여 순영업소득을 산정한다.
③ 전액자기자본으로 투자한 경우에는 순영업소득이 세전현금수지보다 클 것으로 판단하였다.
④ 1년간 순영업소득이 적자가 예상되어 세전현금수지가 세후현금수지보다는 클 것으로 판단하였다.
⑤ 순영업소득의 산정과정에서 해당 부동산의 재산세는 차감하나 영업소득세는 차감하지 않는다.

🏠 **문제풀이 TIP**

1. 영업경비는 필수지출항목, 유효조소득은 순영업소득에 비해 항상 크다.
2. 영업경비에 '**공**실, **부**채서비스, **감**가, **소**득세, **자**본적 지출액, 소유자의 급여, 개인업무비'는 불포함
3. 순영업소득 + **대**체충당금 − **이**자지급분 − **감**가상각분 = 과세대상소득

테마 58 현금수지 측정(계산문제) 27·28·29·30회

01 다음은 임대주택의 1년간 운영실적에 관한 자료이다. 이와 관련하여 틀린 것은? (단, 문제에서 제시한 것 외의 기타 조건은 고려하지 않음)

㉠ 호당 임대료: 6,000,000원	㉡ 임대가능호수: 40호
㉢ 공실률: 10%	㉣ 소유자의 급여와 개인적 업무비: 10,000,000원
㉤ 원리금상환액: 90,000,000원	㉥ 융자이자: 20,000,000원
㉦ 감가상각액: 10,000,000원	㉧ 소득세율: 30%
㉨ 관리직원 인건비: 5,000,000원	㉩ 수선유지비: 5,000,000원
㉪ 광고선전비: 5,000,000원	㉫ 자본지출액: 8,000,000원
㉬ 재산세: 1,000,000원	㉭ 사업소득세(영업소득세): 6,000,000원

① 유효총소득은 216,000,000원이다.
② 순영업소득은 200,000,000원이다.
③ 세전현금수지는 110,000,000원이다.
④ 영업소득세는 50,000,000원이다.
⑤ 세후현금수지는 59,000,000원이다.

🏠 문제풀이 TIP

가능총소득(호당 6,000,000원×40호 = 240,000,000원) − 공실률(= 240,000,000원×10% = 24,000,000원) = 유효총소득(216,000,000원) − 운영비용(16,000,000원 = 관리직원 인건비 + 광고선전비 + 재산세 + 수선유지비) = 순영업소득(200,000,000원)

1. 세후현금수지 계산

Ⅰ.	순영업소득	---	200,000,000원
	− 부채서비스액	---	90,000,000원
Ⅱ.	세전현금수지	---	110,000,000원
	− 영업소득세	---	51,000,000원
Ⅲ.	세후현금수지	---	59,000,000원

2. 영업소득세 계산

Ⅰ.	순영업소득	---	200,000,000원
	+ 대체충당금	---	0원
	− 이자지급액	---	20,000,000원
	− 감가상각비	---	10,000,000원
Ⅱ.	과세대상소득	---	170,000,000원
	× 소득세율	---	30%
Ⅲ.	영업소득세	---	51,000,000원

테마 59 화폐의 시간가치

01 화폐의 시간가치와 관련한 설명으로 옳은 것은? (단, 다른 조건은 동일함)

① 잔금비율과 상환비율의 합은 '0'이 된다.
② 이자율이 10%일 때 5년 후 주택자금 5,000만원을 마련하기 위해 매년 적립해야 할 금액을 구하려면 '5,000만원 ÷ 감채기금계수(10%, 5년)'를 이용하면 된다.
③ 원금균등상환방식으로 주택저당대출을 받은 경우 저당대출의 매기간 원리금 상환액은 저당상수를 이용하여 계산한다.
④ 원금에 대한 이자뿐만 아니라 이자에 대한 이자도 함께 계산하는 것은 복리 방식이며, 연금의 미래가치계수를 계산하는 공식에서는 이자 계산방법으로 복리 방식을 채택한다.
⑤ 현재 5억원인 주택가격이 매년 전년대비 5%씩 상승한다고 가정할 때, 5년 후의 주택가격은 연금의 미래가치계수를 사용하여 계산할 수 있다.

02 화폐의 시간가치 계산에 대한 설명으로 옳은 것은?

① 현재가치를 계산하는 공식은 일시불의 현가계수, 연금의 현가계수, 감채기금계수이다.
② 10년 후에 1억원이 될 것으로 예상되는 토지의 현재가치를 계산할 경우 일시불의 현재가치계수를 사용한다.
③ n년 후에 1원을 만들기 위해 매년 불입해야 할 액수를 구하는 것은 저당상수이다.
④ 연금의 현가계수는 매년 1원씩 r%의 이자율로 계속해서 불입했을 때 n년 후에 얼마의 가치가 있는가를 나타낸 것이다.
⑤ 연금의 미래가치계수는 저당상수의 역수이다.

03 화폐의 시간가치 계산에 관한 설명으로 옳은 것은? 32회

① 현재 10억원인 아파트가 매년 2%씩 가격이 상승한다고 가정할 때, 5년 후의 아파트 가격을 산정하는 경우 연금의 미래가치계수를 사용한다.
② 원리금균등상환방식으로 담보대출 받은 가구가 매월 상환할 금액을 산정하는 경우, 일시불의 현재가치계수를 사용한다.
③ 연금의 현재가치계수에 감채기금계수를 곱하면 일시불의 현재가치계수이다.
④ 임대기간 동안 월임대료를 모두 적립할 경우, 이 금액의 현재시점 가치를 산정한다면 감채기금계수를 사용한다.
⑤ 나대지에 투자하여 5년 후 8억원에 매각하고 싶은 투자자는 현재 이 나대지의 구입 금액을 산정하는 경우, 저당상수를 사용한다.

04 A는 향후 30년간 매월 말 30만원의 연금을 받을 예정이다. 시중 금리가 연 6%일 때, 이 연금의 현재가치를 구하는 식으로 옳은 것은? (단, 주어진 조건에 한함)

① 30만원 $\times \left(1 + \dfrac{0.06}{12}\right)^{30 \times 12}$

② 30만원 $\times \left[\dfrac{(1+0.06)^{30} - 1}{0.06}\right]$

③ 30만원 $\times \left[\dfrac{1 - (1+0.06)^{-30}}{0.06}\right]$

④ 30만원 $\times \left[\dfrac{1 - (1+\dfrac{0.06}{12})^{-30 \times 12}}{\dfrac{0.06}{12}}\right]$

⑤ 30만원 $\times \left[\dfrac{(1+\dfrac{0.06}{12})^{-30 \times 12} - 1}{\dfrac{0.06}{12}}\right]$

연금의 현가계수	매년 1원씩 환원	$\dfrac{1 - (1+r)^{-n}}{r}$

문제풀이 TIP

1. 화폐의 시간가치 계산

미래가치	현재가치
① 일시불의 내가계수 (1원, n년 후), $(1+r)^n$	④ 일시불의 현가계수 (1원, 현재), $\dfrac{r}{(1+r)^n}$
② 연금의 내가계수 (매년 1원씩, n년 후), $\dfrac{(1+r)^n - 1}{r}$	⑤ 연금의 현가계수 (매년 1원씩, 환원), $\dfrac{1-(1+r)^{-n}}{r}$
③ 감채기금계수 (만들기 위해 불입 적금액), $\dfrac{r}{(1+r)^n - 1}$	⑥ 저당상수 (차입, 상환원리금), $\dfrac{r}{1-(1+r)^{-n}}$

▶ 야매 : 현재는 마이너 승 이지만 (현재는 40점이지만)
  미래는 메이저(플러스) 승 일거야 (미래는 80점 일거야)

2. 역수관계

일시불의 내가계수 연금의 내가계수 연금의 현가계수	⇔	일시불의 현가계수 감채기금계수 저당상수

3. 잔금 = 원리금 × 연금의 현가계수(잔여기간),

   잔금비율 = $\dfrac{\text{연금의 현가계수(잔여기간)}}{\text{연금의 현가계수(전기간)}}$

일시불의 현재가치계수	$\dfrac{4}{6}$
일시불의 미래가치계수	$\dfrac{6}{4}$
연금의 현재가치계수	4
저당상수	$\dfrac{1}{4}$
연금의 미래가치계수	6
감채기금계수	$\dfrac{1}{6}$

💡 암기법 : **연현사**에 가서 **연미육** 드세요

4. 연금의 현재가치(현재 뭉친 금액 : 3원)계수에 일시불의 미래가치계수(미래로 보낸다 : 2원)를 곱(×)하면 연금의 미래가치(미래 뭉친 금액 : 6원)계수가 된다. 2021년 감정평가사

5. 연금의 미래가치계수(미래 뭉친 금액 : 6원)에 일시불의 현재가치계수(현재로 보낸다 : $\dfrac{1}{2}$원)를 곱하면(×) 연금의 현재가치계수(현재 뭉친 금액 : 3원)가 된다. 2021년 감정평가사

6. 저당상수($\frac{1}{3}$)에 연금의 현재가치계수(3)(역수관계)를 곱하면(×) 1이 된다. ^{2021년 감정평가사}

7. 연금의 현재가치계수(3)에 감채기금계수($\frac{1}{6}$)를 곱하면(×) 일시불의 현재가치계수($\frac{1}{2}$)이다. ^{32회}

테마 60 화폐의 시간가치(계산문제) 27·28·30·31·33회

01 투자자 甲은 부동산 구입자금을 마련하기 위하여 3년 동안 매년 연말 3,000만원씩을 불입하는 정기적금에 가입하였다. 이 적금의 이자율이 복리로 연 10%라면, 3년 후 이 적금의 미래가치는?

① 9,600만원
② 9,650만원
③ 9,690만원
④ 9,930만원
⑤ 9,950만원

🔑 **문제풀이 TIP**

적금의 미래가치는 연금의 내가계수를 이용해 구할 수 있다.

• 연금의 미래가치 = 연금 × 연금의 내가계수(10%, 3년)

$$= 3{,}000만 \times \frac{(1+0.1)^3 - 1}{0.1}$$

$$= 9{,}930만$$

• 연금의 내가계수 계산식(이자율이 복리로 연 10%)
   1. 만기 3년 계산
      연금액 + 연금액 × (1+r)¹ + 연금액 × (1+r)²
      계산기 30,000,000 = × 1.1 = × 1.1 = GT

02 회사원 A씨는 주택자금을 마련하기 위하여, 매년 말 1,500,000원씩을 불입하는 20년 만기의 정기적금에 가입했다. 은행이자율이 연 10%이라면 20년 후에 얼마를 찾을 수 있는가?
[단, $(1 + 0.1)^{20} = 6.7275$]

① 82,912,500원
② 83,912,500원
③ 84,912,500원
④ 85,912,500원
⑤ 96,912,500원

🏠 문제풀이 TIP

만기에 찾을 수 있는 연금의 내가 = 연금액 × 연금의 내가계수이다.

연금의 내가계수는 $\frac{(1 + r)^n - 1}{r}$ 이다. 따라서 $\frac{6.7275 - 1}{0.1}$ 이 된다.

이를 다시 계산하면 57.275가 된다. 1,500,000원 × 57.275(연금의 내가계수) = 85,912,500원이 된다.

---

03 A는 부동산자금을 마련하기 위하여 20×1년 1월 1일 현재, 2년 동안 매년 연말 2,000원씩을 불입하는 투자 상품에 가입했다. 투자 상품의 이자율이 연 10%라면, 이 상품의 현재가치는? (단, 십원 단위 이하는 절사함)

① 3,400원
② 3,600원
③ 3,700원
④ 3,200원
⑤ 3,300원

🏠 문제풀이 TIP

연금에 대한 현재가치를 구하는 것으로 연금 2,000원에 연금의 현재가치계수를 곱하여 구하는데 10원 이하는 절사

• 연금의 현재가치 = 연금 × 연금의 현재가치계수(10%, 2년)

$$= 2,000원 \times \frac{1-(1+0.1)^{-3}}{0.1}$$
$$= 2,000원 \times 1.735537$$
$$= 3,471원$$
$$= 3,400원$$

$\frac{2,000}{1.1^1} + \frac{2,000}{1.1^2} = 3,471$(십원 단위 없애면 3,400원)

계산기 2,000 ÷ 1.1 = ÷ 1.1 = GT

테마 61 | 할인현금수지분석법(DCF법)

01 다음 부동산투자의 타당성 판단기준 중 화폐의 시간가치를 고려하는 방법은 몇 개인가?

㉠ 회계적수익률법	㉡ 내부수익률법	㉢ 단순회수기간법
㉣ 순현재가치법	㉤ 조소득승수법	㉥ 부채감당법
㉦ 수익성지수법	㉧ 현가회수기간법	㉨ 연평균순현가법

① 2개 ② 3개 ③ 4개
④ 5개 ⑤ 6개

02 할인현금수지분석법(DCF)에 대한 설명 중 옳은 것은?
① 내부수익률은 현금유입의 내가와 현금유출의 현가를 같게 만드는 할인율로 수익성지수가 1.0, 순현가가 0이 되는 할인율을 의미한다.
② 순현가란 투자기간 동안 발생할 모든 현금수입에서 현금지출을 차감한 것을 말한다.
③ 회수기간법은 화폐의 시간적 가치의 차이를 고려한다는 장점이 있다.
④ 2개 투자대안의 투자금액과 회계적 수익률이 각각 동일한 경우, 사업기간 초기에 현금유입이 많은 대안보다 후기에 현금유입이 많은 대안의 내부수익률이 높다.
⑤ 순현가법을 이용한 투자타당성분석에서 선택되는 할인율은 투자주체에 따라 달라진다.

03 부동산 투자타당성 분석기법에 관한 설명으로 옳지 않은 것은? 2018년 감정평가사
① 수익성지수는 투자개시시점에서의 순현가와 현금지출의 현재가치 비율이다.
② 내부수익률법은 화폐의 시간가치를 고려한다.
③ 동일한 투자안에 대해서 복수의 내부수익률이 존재할 수 있다.
④ 내부수익률은 순현가가 '0'이 되는 할인율이다.
⑤ 순현가법에 적용되는 할인율은 요구수익률이다.

📌 문제풀이 TIP

1. 시간가치 고려(4개): **순현가법, 내부수익률법, 수익성지수법, 현가회수기간법**
2. DCF에서는 '현금유입의 **현가**'와 '현금유출의 **현가**'를 비교

순현가법 (NPV법)	① 순현재가치 = 현금유입의 **현가** − 현금유출의 **현가** ② 순현가 ≥ 0 ⇨ 투자채택
내부수익률법 (IRR법)	① 현금유입의 **현가** = 현금유출의 **현가** ⇨ 순현가 = 0, 수익성지수 = 1일 때의 할인율 ② 내부수익률 ≥ **요구수익률** ⇨ 투자채택
수익성지수법 (PI법)	① 수익성지수 = $\dfrac{\text{현금유입의 현가}}{\text{현금유출의 현가}}$, 현금유출의 현가에 대한 현금유입의 현가 ② 수익성지수 ≥ 1 ⇨ 투자채택

테마 62 | 순현가법과 내부수익률법 비교

01 순현가법과 내부수익률법을 비교한 설명 중 옳은 것은?

	순현가법(NPV법)	내부수익률법(IRR법)
①	화폐의 시간가치를 고려한다.	화폐의 시간가치를 고려하지 못한다.
②	사전에 요구수익률을 결정할 필요 없다.	사전에 요구수익률을 결정해야 한다.
③	항상 부의 극대화가 달성된다.	항상 부의 극대화가 되는 것은 아니다.
④	가치가산원칙이 준수되지 않는다.	가치가산원칙이 준수된다.
⑤	언제나 투자판단이 가능하다.	동일 투자안에서 복수의 내부수익률이 존재하는 경우 내부수익률이 큰 쪽을 선택한다.

📌 문제풀이 TIP

순현가법	내부수익률법
할인율: 요구수익률(주관적)	할인율: 내부수익률
사전 **요구 결정** ○	사전 **요구 결정** ×
부의 극대화: 언제나 달성 가능	부의 극대화: 언제나 달성×
합의 원칙: 적용 ○	합의 원칙: 적용×
투자판단: 언제나 가능	투자판단: 불가능(복수의 내부수익률)

① 독립적 투자안: 결과치가 반드시 **동일**하다.
② 배타적 투자안: 결과치가 **동일**할 수도 있고, **다를** 수도 있다.
③ 결과가 다를 경우 **순현가법이 내부수익률법보다 합리적**

1. 서로 다른 내부수익률을 가지는 두 자산에 동시에 투자하는 투자안의 내부수익률은 각 자산의 내부수익률을 더한 것과 같다. (×) 감정평가사 35회
   ⇨ 내부수익률법은 가치가산원리가 적용되지 않으므로 서로 다른 내부수익률을 가지는 두 자산에 동시에 투자하는 투자안의 내부수익률은 각 자산의 내부수익률을 더한 것과 다르다.

테마 63 할인현금수지분석법(DCF법)(계산문제) 22·23·24·25·31·32회

01 투자자 갑은 1년만 운영한 후 처분할 예정으로 임대상가와 임대원룸에 투자하려고 한다. 1년간 투자안의 현금흐름이 다음과 같이 예상될 경우, 괄호 속에 들어갈 숫자가 틀린 것은?
(단, 요구수익률은 20%이다)

구 분	투자금액	1년 후 현금유입	순현가	내부수익률	수익성지수
임대상가	10,000만원	12,000만원	0원	①	②
임대원룸	2,000만원	3,000만원	③	50%	1.25
투자합계	12,000만원	15,000만원	④	⑤	1.04쯤

① 20% ② 1 ③ 500만원
④ 500만원 ⑤ 70%

문제풀이 TIP

- 임대상가의 현금유입의 현가 = $\dfrac{12{,}000만원}{(1+0.2)}$ = 10,000만원

- 임대원룸의 현금유입의 현가 = $\dfrac{3{,}000만원}{(1+0.2)}$ = 2,500만원

① 임대상가의 내부수익률 = $\dfrac{2{,}000만원}{10{,}000만원}$ = 20%

② 임대상가의 수익성지수 = $\dfrac{10{,}000만원}{10{,}000만원}$ = 1

③ 임대원룸의 순현가 = 2,500만원 − 2,000만원 = 500만원

④ 두 투자안의 순현가 = 0원 + 500만원 = 500만원

⑤ 두 투자안의 내부수익률 = (2,000만원 + 1,000만원) ÷ (1억원 + 2천만원) = 0.25(25%)

02 다음은 투자부동산의 매입, 운영 및 매각에 따른 현금흐름이다. 이에 기초한 순현재가치는? (단, 0년차 현금흐름은 초기투자액, 1년차부터 7년차까지 현금흐름은 현금유입과 유출을 감안한 순현금흐름이며, 기간이 7년인 연금의 현가계수는 3.50, 7년 일시불의 현가계수는 0.60이고, 주어진 조건에 한함) 32회

(단위: 만원)

기간(년)	0	1	2	3	4	5	6	7
현금흐름	−1,100	120	120	120	120	120	120	1,420

① 100만원　　② 120만원　　③ 140만원
④ 160만원　　⑤ 180만원

🏠 **문제풀이 TIP**

순현재가치 = 현금유입의 현재가치 − 현금유출의 현재가치 = 1,200만원 − 1,100만원 = 100만원

1. 유입의 현재가치 = 420만원 + 780만원 = 1,200만원
   - 120만원 × 3.50 = 420만원
   - 1,300만원(= 1,420만원 − 120만원) × 0.60 = 780만원

🏠 **문제풀이 TIP**

> 1. 순현가 = 현금수입의 현가 − 현금지출의 현가　☼ 암기법: **나빼**
>
> 2. 내부수익률 = $\dfrac{차이값}{투자액}$　☼ 암기법: **차나투**
>
> 3. 수익성지수 = $\dfrac{현금수입의 현가}{현금지출의 현가}$　☼ 암기법: **나나**

유의 순현가와 수익성지수 산정: 수입을 할인,

　　　내부수익률 산정: $\dfrac{차이값}{투자액}$ (수입 할인 ×)

테마 64   어림셈법

01 다음은 어림셈법에 대한 설명이다. 옳은 것은?

① 어림셈법은 시간가치를 고려하지만, 결과치만으로 직접 비교가 곤란하다는 단점이 있다.
② 일반적으로 순소득승수가 총소득승수보다 크고, 세후현금수지승수가 세전현금수지승수보다 크다.
③ 순소득승수는 $\dfrac{총투자액}{순영업소득}$으로 나타내는데, 순소득승수를 자본회수기간이라고도 하며, 이 값은 클수록 유리하다.
④ 지분배당률은 $\dfrac{세전현금수지}{지분투자액}$로 나타내는데, 세후현금수지승수와 역수관계에 있다.
⑤ 조소득승수는 $\dfrac{총투자액}{조소득}$으로 나타내는데, 종합자본환원율과 역수관계이다.

02 부동산 투자분석기법에 관한 설명으로 옳지 않은 것은? 2020년 감정평가사

① 다른 조건이 일정하다면, 승수법에서는 승수가 클수록 더 좋은 투자안이다.
② 내부수익률(IRR)은 순현재가치(NPV)를 '0'으로 만드는 할인율이다.
③ 내부수익률(IRR) 요구수익률보다 클 경우 투자한다.
④ 순현재가치(NPV)가 '0'보다 클 경우 투자한다.
⑤ 수익성지수(PI)가 '1'보다 클 경우 투자한다.

🏠 문제풀이 TIP

1. **조소득승수**($\dfrac{총투자액}{조소득}$) ↔ (비율분석법)**총자산회전율**($\dfrac{조소득}{총투자액}$)

2. **순소득승수**($\dfrac{총투자액}{순영업소득}$) ↔ **종합자본환원율(총투자수익률)**($\dfrac{순영업소득}{총투자액}$)

3. **세전현금수지승수**($\dfrac{지분투자액}{세전현금수지}$) ↔ 지분**배당률**($\dfrac{세전현금수지}{지분투자액}$)

4. **세후현금수지승수**($\dfrac{지분투자액}{세후현금수지}$) ↔ **세후수익률(세후지분투자수익률)**($\dfrac{세후현금수지}{지분투자액}$)

▶ 1. 순소득승수를 **자본회수기간**이라고도 하며, **작을수록** 좋다.
   2. 일반적으로 **순소득승수**가 조소득승수보다 **크고**, **세후현금수지승수**가 세전현금수지승수보다 **크다**.
   3. 일반적으로 **총자산회전율**이 종합자본환원율보다 **크고**, **지분배당률**이 세후수익률보다 **크다**.

테마 65 | 비율분석법

01 비율분석법에 대한 설명이다. 가장 옳은 것은?

① 대부비율은 자기자본에 대한 타인자본의 비율을 말한다.
② 대부비율이 높을수록 부채비율, 채무불이행위험이 커지므로, 투자의 레버리지효과와 부동산 수요가 증가한다.
③ 대부비율이 80%이면 부채비율은 400%이고, 대부비율은 어떠한 경우에도 100%를 넘어설 수 없다.
④ 부채감당률이 1.0보다 작다는 것은 순영업소득이 부채의 할부금을 상환하고도 잔여액이 있다는 의미이다.
⑤ 채무불이행률은 순영업소득에 대한 영업경비와 부채서비스액의 비율을 말한다.

🏠 문제풀이 TIP

1. 대부비율($\frac{부채}{부동산의\ 가치}$), 부채비율($\frac{부채}{지분}$)

대부비율	20%	50%	60%	80%	100%
부채비율	25%	100%	150%	400%	∞

▶ **대부비율이 높을수록** [부채비율, 지렛대효과, 지분수익률, 금융적 위험, 금리, 부동산수요] **모두 커진다.**

2. 부채감당률 = $\frac{순영업소득}{부채서비스액}$

▶ 부채감당률이 **1보다 클수록** 순영업소득이 부채서비스액을 감당하고 **잔여액**이 있다.

3. 채무불이행률 = $\frac{영업경비\ +\ 부채서비스액}{유효조소득}$

4. 총자산회전율 = $\frac{조소득(총소득)}{부동산의\ 가치(총투자액)}$, **조소득승수의 역수**

테마 66   단순회수기간법(계산문제)

01 1천만원이 투입된 후 다음과 같은 현금흐름이 추계되었다면, 자본회수기간을 구하고, 목표회수기간이 4년인 경우 투자여부를 결정하시오.

구 분	현 재	1년	2년	3년	4년	5년
A투자안	-1,000	200	200	200	300	400
B투자안	-1,000	400	300	200	200	200

① A투자안: 회수기간 (　　)년 (　　)개월, 투자(선택, 기각)
② B투자안: 회수기간 (　　)년 (　　)개월, 투자(선택, 기각)

🏠 **문제풀이 TIP**
1. 투자안의 회수기간 < 목표회수기간: 투자채택
2. 투자안의 회수기간 > 목표회수기간: 투자기각

테마 67   어림셈법 26·27·29·33·34·35회, 비율분석법 26·27·28·29·30·34회 (계산문제)

01 다음의 주어진 자료를 활용하여 분석한 결과이다. 옳지 않은 것은?

- 총투자액: 40억원
- 저당투자액: 28억원
- 가능조소득: 10억원
- 유효조소득: 8억원
- 영업경비: 3억원
- 부채서비스액: 2억원

① 순소득승수는 8이다.　　② 세전현금수지승수는 4이다.
③ 부채감당률은 3이다.　　④ 자본회수기간은 8년이다.
⑤ 지분배당률은 25%이다.

🏠 **문제풀이 TIP**
▶ 지분배당률: 세전현금수지 / 지분투자액
- 세전현금수지: 8억원 − 3억원 − 2억원 = 3억원
- 지분투자액: 40억원 − 28억원 = 12억원
- ∴ 지분배당률: 3억원 / 12억원 × 100 = 25%, 부채감당률 2.5

🏠 문제풀이 TIP

1. 순소득승수(자본회수기간) = $\dfrac{총투자액}{순영업소득}$ < 목표회수기간(투자채택)

2. 부채감당률 = $\dfrac{순영업소득}{부채서비스액}$

3. 채무불이행률 = $\dfrac{영업경비 + 부채서비스액}{유효조소득}$

4. 지분배당률 = $\dfrac{세전현금수지}{지분투자액}$

5. 순소득승수($\dfrac{총투자액}{순영업소득}$) ↔ **종합**자본환원율($\dfrac{순영업소득}{총투자액}$)

6. **세전**현금수지승수($\dfrac{지분투자액}{세전현금수지}$) ↔ 지분**배당**률($\dfrac{세전현금수지}{지분투자액}$)

테마 68 주택: LTV, DTI(계산문제), 상가: LTV, 부채감당률, 대출가능액 산정(계산문제) 25·26·27·28·30·31·35회

01 A는 연소득이 5,000만원이고 시장가치가 3억원인 주택을 소유하고 있다. 현재 A가 이 주택을 담보로 5,000만원을 대출받고 있을 때, 추가로 대출 가능한 최대금액은? (단, 주어진 조건에 한함)

- 연간 저당상수: 0.1
- 대출승인기준
  - 담보인정비율(LTV): 시장가치기준 50% 이하
  - 총부채상환비율(DTI): 40% 이하
  ※ 두 가지 대출승인기준을 모두 충족하여야 함

① 5,000만원 ② 7,500만원 ③ 1억원
④ 1억 5,000만원 ⑤ 2억원

🏠 문제풀이 TIP

1. 담보인정비율(LTV) 기준
   - 3억원 × 50% = 1억 5,000만원
2. 총부채상환비율(DTI) 기준
   - DTI = 원리금/연소득 = 원리금/5,000 = 0.4
   - 원리금 = 5,000 × 0.4 = 2,000만원
   - 융자금 × 저당상수 = 원리금 ⇨ 융자금 × 저당상수 = 2,000만원 ⇨ 융자금 = 2,000/0.1 = 2억원
3. 두 가지 대출승인기준을 모두 충족시켰을 때 대출가능한 금액은 1억 5,000만원이며, 기존대출 5,000만원을 제외한 1억원이 추가로 대출 가능한 최대금액이 된다.

---

02 갑은 시중은행에서 주택을 담보로 대출을 받고자 한다. 다음의 내용을 기초로 갑의 최대 대출가능금액을 구하면 얼마인가?

> - 대출승인기준 : DTI(총부채상환비율) = 40%, LTV(담보인정비율) = 60%
> - 김씨 소유의 주택담보평가가격 : 300,000,000원
> - 김씨의 연소득 : 5,000만원
> - 김씨의 사업자금대출의 연이자지급액 : 400만원
> - 연간저당상수 = 0.16
>   (대출승인기준을 모두 충족시켜야 한다.)

① 2억 8,000만원 ② 2억 4,000만원 ③ 2억원
④ 1억 9,000만원 ⑤ 1억원

🏠 문제풀이 TIP

$LTV = \dfrac{대출금}{부동산가치}$ 이므로, 대출금 = 3억 × 0.6 = 1억 8천만원이 되고,

$DTI = \dfrac{해당대출의\ 연원리금상환액 + 기타부채의\ 이자지급액}{연간소득}$ 이므로,

$40\% = \dfrac{연원리금상환액 + 400만원}{5천만원}$ 이 되어, 연원리금상환액은 1,600만원이 된다.

대출금 = $\dfrac{원리금}{저당상수} = \dfrac{1,600만원}{0.16} = 1억원$이 된다.

따라서 두 조건을 모두 만족하는 1억원이 대출가능금액이 된다.

03 시장가격이 5억원이고 순영업소득이 연 1억원인 상가를 보유하고 있는 A가 추가적으로 받을 수 있는 최대 대출가능금액은? (단, 주어진 조건에 한함)

- 연간 저당상수 : 0.2
- 대출승인조건(모두 충족하여야 함)
  - 담보인정비율(LTV) : 시장가격기준 60% 이하
  - 부채감당률(DCR) : 2 이상
- 상가의 기존 저당대출금 : 1억원

① 1억원 ② 1억 5천만원 ③ 2억원
④ 2억 5천만원 ⑤ 3억원

문제풀이 TIP

대부비율(60%) × 부동산가치(5억원) = 3억원,
순(1억) ÷ 당(2) ÷ 당(0.2) = 2.5억, 2억 5천만원이다. 즉 대부비율로는 3억까지 대출이 가능하고 부채감당률로는 2억 5천만원까지 대출이 가능하다. 양쪽 기준을 모두 충족하려면 작은 쪽의 대출이 가능하므로 2억 5천만원인데 기존대출액이 1억원이므로 추가적 대출금액은 1억 5천만원이 된다.

---

04 다음의 조건을 가진 오피스텔의 대부비율(LTV)은? (단, 연간 기준이며, 주어진 조건에 한함)
감정평가사 35회

- 순영업소득 : 4천만원
- 부채감당률 : 2
- 매매가격 : 4억원
- 저당상수 : 0.1

① 20% ② 30% ③ 40%
④ 50% ⑤ 60%

문제풀이 TIP

- 부채감당률(2) = $\dfrac{순영업소득(40,000,000)}{부채서비스액(\square)}$, 부채서비스액 = 20,000,000원

- 부채 = $\dfrac{부채서비스액(20,000,000)}{저당상수(0.1)}$, 부채 = 200,000,000원

- 대부비율(LTV) = $\dfrac{부채(200,000,000)}{부동산의\ 가치(400,000,000)}$ = 50%

별해
- 환원이율 $= \dfrac{\text{순영업소득(4천만원)}}{\text{부동산의 가치(4억원)}} = 0.1$
- 환원이율(0.1) = 저당상수(0.1) × 부채감당률(2) × 대부비율(x)
- 대부비율(x) = 50%

🏠 문제풀이 TIP

1. 주택담보대출규제 – LTV와 DTI

LTV(대부비율 – 담보인정비율)	DTI(총부채상환비율)
① **담보가치**를 기준으로 **최대융자액**을 산정	① **연소득**을 기준으로 **최대상환액**을 산정
② 담보가치 5억에 LTV 60% 적용 ⇨ **3억 융자** 가능	② 소득 1억에 DTI 40% 적용 ⇨ 4,000만원 **상환** 가능
① DTI는 차입자의 소득이나 **기존부채**를 고려[**한다**, 하지 않는다] = **차주상환능력**을 측정하는 지표	
② 부동산시장을 활성화시키고 **수요를 증가**시키기 위해서는 LTV와 DTI를 **상향조정** 해야 함	
③ **가계부채 안정화**를 꾀하고 **대출위험을 줄이기** 위해서는 LTV, DTI를 **하향조정** 해야 함	

2. 중요 기출지문
   (1) 담보인정비율이나 총부채상환비율에 대한 구체적인 기준은 금융위원회를 통해 결정된다.
   (2) 총부채원리금상환비율(DSR)은 차주의 총 금융부채 상환부담을 판단하기 위하여 산정하는 차주의 연간 소득 대비 연간 금융부채 원리금상환액 비율을 말한다.

3. 대출가능금액 구하기: 주어진 요건을 충족하는 금액 중 적은 금액으로 결정한다.

   (1) 주택: 대부비율(LTV)과 총부채상환비율(DTI) 적용

   ① 대부비율 $= \dfrac{\text{부채(L)}}{\text{가격(V)}}$

   ② 총부채상환비율 $= \dfrac{\text{연간 상환액(D)}}{\text{연간 소득(I)}}$

   ③ 부채 × 저당상수 = 부채서비스액

   (2) 상업용 부동산: 대부비율(LTV)과 부채감당률 적용
   부채감당률: "순/당/당" 활용. 순영업 ÷ 부채감당률 ÷ 저당상수

   ① 부채감당률 $= \dfrac{\text{순영업소득}}{\text{부채서비스액}}$

Chapter 06 부동산 금융론

테마 69 금융기관이 부동산 대출관련 위험, 자금조달방법

01 금융기관이 부동산 대출관련 위험을 줄이는 방법으로 옳은 것은?

① 대출 실행시 부채감당률이 1.0 이하가 되는 투자안을 선택한다.
② 담보인정비율(LTV)을 높인다.
③ 금리 변동이 심할 때는 고정금리로 대출한다.
④ 소득대비 부채비율(DTI)을 높인다.
⑤ 금리 변동 위험을 방어하기 위하여 이자율 스왑 등의 방법으로 위험을 전가한다.

02 다음 자금조달방법 중 지분금융은 모두 몇 개인가?

㉠ 조인트벤처(joint venture)
㉡ 자산유동화증권(asset-backed securities)
㉢ 주택상환사채, 신탁증서금융(담보신탁)
㉣ 공모(public offering)에 의한 증자
㉤ 부동산 신디케이트(syndicate)
㉥ 전환사채, 신주인수권부사채, 우선주, 후순위대출
㉦ 자산담보부기업어음(ABCP)

① 2개 ② 3개 ③ 4개
④ 5개 ⑤ 6개

📖 문제풀이 TIP

1. 금융기관이 위험을 감소시키는 방법
    (1) 담보인정비율(LTV), 소득대비 부채비율(DTI)을 **낮춘다**. 융기기간을 **짧게** 한다.
    (2) 대출 실행시 부채감당률이 **1.0 초과**가 되는 투자안을 선택한다.
    (3) 금리 변동이 심할 때는 **변동금리**로 대출한다. 고정금리시는 **원금균등**상환방식으로 대출한다.
    (4) **이자율 스왑** 등의 방법으로 위험을 전가한다.

2. 부동산금융
   (1) 지분금융 : ✿ 암기법 : 신공조리펀
      신디케이트, **공**모에 의한 증자, **조**인트 벤처, **리**츠, **펀**드
   (2) 부채금융 : 저당금융, 신탁금융, **회사채발행**, MBS(MPTS, MBB, MPTB, CMO), **ABS**, 신탁증서금융(담보신탁), PF(프로젝트 파이낸싱), 자산담보부기업어음(ABCP) ✿ 암기법 : 저당.담.채.M.A
   (3) 메자닌금융(mezzanine financing) : 전·신주 : 메달린~ 우후
      조달한 자금의 성격이 **지분(주식)과 부채·차입(채권)의 중간적 성격**을 갖고 있다.

   > ① 채권 + 주식의 결합형
   > ② 전환사채 : 채권형 ⇨ 주식전환
   > ③ 신주인수권부사채 : 채권매입 + 주식인수권
   > ④ 후순위대출 : 채무상환시 변제의 우선순위가 다른 모든 대출이나 특정 대출보다 하위에 놓이는 조건으로 행해지는 대출이다. 선순위대출을 제공한 채권자의 입장에서는 후순위대출이 사실상 지분과 같은 역할을 하기 때문에 투자에 대한 신뢰도가 향상된다.
   > ⑤ 우선주

---

03 부동산금융에 관한 설명으로 옳지 않은 것은? (단, 주어진 조건에 한함) 감정평가사 36회

① 부동산금융은 부동산의 매입이나 매각, 개발 등과 관련한 자금이나 신용을 조달하거나 제공하는 것을 말한다.
② 부동산이 가지고 있는 고유 특성으로 인하여 금융의 필요성이 중요해지고 있다.
③ 부동산 신디케이션(syndication)은 부동산개발사업을 공동으로 수행하기 위해 일반투자자들의 자금과 부동산개발업자의 전문성이 결합된 투자자 집단을 말한다.
④ 메자닌금융(mezzanine financing)은 부채방식과 지분방식의 특징을 갖고 있는 중간적 성격의 자금조달방법이다.
⑤ 랩어라운드(wrap-around)대출은 기존대출을 상환하고 신규대출을 별도로 제공하는 방식이다.

🏠 문제풀이 TIP

⑤ 대환대출이란 기존에 갖고 있는 대출을 상환하기 위해 빌리는 신규대출을 말하는 것으로, 기존에 빌린 대출을 동일 금융회사의 다른 대출이나 타 금융회사의 대출로 상환하는 것을 말한다.
• 랩어라운드(wrap-around)대출은 여러 금융기관에서 대출을 받아 이를 하나의 대출 상품으로 묶어 관리하는 방식으로 더 낮은 이자율로 이용하여 대출 상환 부담을 줄일 수 있다는 장점이 있다.

테마 70 | 고정금리, 변동금리

01 부동산의 저당상환방법에 대한 설명으로 가장 옳은 것은?
① 시장이자율이 하락하는 경우에는 차입자는 조기상환하고 재융자하는 것이 유리하다.
② 연간 이자율이 같은 1년 만기 대출의 경우 대출자는 기말에 한 번 이자를 받는 것이 기간 중 4회 나누어 받는 것보다 유리하다.
③ 시장의 이자율이 지속적으로 상승하는 상황에서는 차입자는 변동금리를 이용하는 것이 고정금리를 이용하는 것보다 채무불이행의 위험도가 줄어든다.
④ CD(양도성 예금증서)연동 주택담보대출은 고정금리부 주택담보대출이다.
⑤ 변동금리부 주택담보대출 이자율의 조정 주기가 길수록 이자율 변동의 위험은 대출자에서 차입자로 더 전가된다.

02 부동산의 저당상환방법에 대한 설명으로 가장 옳은 것은?
① 변동금리에서 이자율 조정주기가 짧을수록 이자율 변동의 위험은 차입자에서 대출자로 전가된다.
② 대출금리가 고정금리일 때, 대출 시점의 예상 인플레이션보다 실제 인플레이션이 높으면 금융기관에게는 이익이고 차입자에게는 손해다.
③ 대출비율이 높아질수록 주택담보대출금리는 낮아진다.
④ 변동금리부 주택담보대출의 이자율은 기준금리에 가산금리를 합하여 결정된다.
⑤ 금리상한(interest cap) 변동금리 주택담보대출을 받은 차입자는 금리상한 이상으로 금리가 상승할 때 생기는 금리변동위험을 줄일 수 없다.

03 고정금리대출과 변동금리대출에 관한 설명으로 옳은 것은? 2019년 감정평가사
① 예상치 못한 인플레이션이 발생할 경우 대출기관에게 유리한 유형은 고정금리대출이다.
② 일반적으로 대출일 기준시 이자율은 변동금리대출이 고정금리대출보다 높다.
③ 시장이자율 하락시 고정금리대출을 실행한 대출기관은 차입자의 조기상환으로 인한 위험이 커진다.
④ 변동금리대출은 시장상황에 따라 이자율을 변동시킬 수 있으므로 기준금리 외에 가산금리는 별도로 고려하지 않는다.
⑤ 변동금리대출의 경우 시장이자율 상승시 이자율 조정주기가 짧을수록 대출기관에게 불리하다.

📌 문제풀이 TIP

1. 고정금리: 초기이자율 **높음**, 인플레 발생시 차입자 유리, 대출자 불리
   (1) 저당이자율 < 시장이자율(시장이자율 **상승**): 차입자 − 기존융자 **유지**
      💡 암기법: 시장이비싸면
   (2) 저당이자율 > 시장이자율(시장이자율 **하락**): 차입자 − **조기상환**, 재융자
      💡 암기법: 시장이싸지면, 시조하
2. 변동금리: '**기준금리**'(지표, CD · Cofix, **변동**) + '**가산금리**'(마진, **불변**)
   (1) 초기이자율 낮음, 차입자 채무불이행 위험 大
   (2) 이자율조정주기가 ① **짧을수록** ② **대출자에서 차입자에게로** ③ 위험 더 전가
3. **대부비율**(대출비율)이 커지면 뒤에 나오는 것들은 싹~다 커진다.

테마 71 │ 저당의 상환방법

01 저당의 상환방법에 대한 설명으로 가장 옳은 것은?

① 첫 회 월불입액 납부 후 만기 이전에 중도상환할 경우 미상환 대출잔액 크기의 순서는 원금균등상환(CAM) > 원리금균등상환(CPM) > 점증상환(GPM)의 순이다.
② 대출기관 입장에서는 원리금균등상환방식이 원금균등상환방식에 비해 원금회수가 빠르다.
③ 원금균등분할상환방식은 원리금균등분할상환방식에 비해 대출 초기에 소득이 낮은 차입자에게 유리하다.
④ 원금균등상환방식은 매년 상환해야 할 원금이 일정하고, 원리금균등상환방식에서 매년 상환해야 할 원리금이 일정하다.
⑤ 점증상환(GPM)방식은 상환 후기에 부의 상환이 발생한다.

02 다음 대출상환방식에 대한 설명으로 가장 옳은 것은?

① 원리금균등분할상환방식과 원금균등분할상환방식 모두 시간이 경과함에 따라 이자 상환액이 증가한다는 것은 공통점이다.
② 원리금균등분할상환에 의하면 원금의 상환액은 대략 만기의 50% 정도 경과되면, 그 원금의 2/3가 상환된다.
③ 원리금균등분할상환방식은 전체 상환금액 크기의 변화는 없지만, 후기로 갈수록 원금상환분은 증가하고 이자지급분은 감소하게 된다.
④ 대출자 입장에서는 차입자에게 원금균등분할상환방식보다 원리금균등분할상환방식으로 대출해주는 것이 원금회수 측면에서 보다 안전하다.
⑤ 일반적으로 원금균등상환방식의 1회차 월 불입액이 원리금균등상환방식과 동일하다.

03 저당대출의 상환방식에 관한 설명으로 옳은 것은? 2020년 감정평가사

① 원금균등분할상환(CAM) 방식의 경우, 원리금의 합계가 매기 동일하다.
② 원리금균등분할상환(CPM) 방식의 경우, 초기에는 원리금에서 이자가 차지하는 비중이 높으나, 원금을 상환해 가면서 원리금에서 이자가 차지하는 비중이 줄어든다.
③ 다른 조건이 일정하다면, 대출채권의 듀레이션(평균 회수기간)은 원리금균등분할상환(CPM) 방식이 원금균등분할상환(CAM) 방식보다 짧다.
④ 체증분할상환(GPM) 방식은 장래 소득이 줄어들 것으로 예상되는 차입자에게 적합한 대출방식이다.
⑤ 거치식(Interest-only Mortgage) 방식은 대출자 입장에서 금리수입이 줄어드는 상환방식으로, 상업용 부동산 저당대출보다 주택 저당대출에서 주로 활용된다.

🏠 문제풀이 TIP

1. 원금균등(CAM) : 원금**불변**, 이자**감소**, 월부금**감소**, 초기회수 빠름, 잔액 적음, 1/2 경과 1/2 상환
2. 원리금균등(CPM) : 원금**증가**, 이자**감소**, 월부금**불변**, 2/3 경과 1/2 상환
3. 체증식상환(GPM) : 지불금증가, 부의상환(초기), **미래·젊은·짧은** 유리, 초기회수 느림, 잔액 많음
4. 저당의 상환 : 원금균등, 원리금균등, 점증식 상환

	원금균등상환	원리금균등상환	점증식 상황
매기 납부하는 원리금 변화	체감	균등	체증
초기) 상환액(원리금액)	큰 순서 : 원금균등상환 (>) 원리금균등상환 : (>) 점증식 상환		
중도) 상환액(잔금액)	큰 순서 : 원금균등상환 (<) 원리금균등상환 : (<) 점증식 상환		
누적) 상환액(이자총액)	큰 순서 : 원금균등상환 (<) 원리금균등상환 : (<) 점증식 상환		
초기) 총부채상환비율(DTI)	큰 순서 : 원금균등상환 (>) 원리금균등상환 : (>) 점증식 상환		
중도) 대출비율(LTV)	큰 순서 : 원금균등상환 (<) 원리금균등상환 : (<) 점증식 상환		

① 원리금균등상환방식의 경우 월상환액 중, 원금이 차지하는 비중은 시간이 갈수록 [**체증**, 체감]
② 원금균등상환과 원리금균등상환의 1회차 [월불입액, **이자지급액**]은 동일함
③ 3가지 방식 중 대출실행시점에서 총부채상환비율(Debt To Income)이 가장 낮은 방식은? 점증식 상환
④ 3가지 방식 중 중도시점에서 대부비율(Loan To Value)이 가장 높은 방식은? 점증식 상환

가중평균상환기간 즉, 회수기간이 짧은 것은 **원금균등분할상환** ⇨ **원리금균등분할상환** ⇨ 점증(**체증**)식 상환 ⇨ **만기일시상환** 순이다. 33회

테마 72   원금균등상환, 원리금균등상환 (계산문제) 26·28·29·31·32회

01   다음의 대출조건에서 5차 연도에 지불해야 할 원리금은 얼마인가?

- 주택저당대출 2억원
- 원금균등분할상환조건(매년 말 상환)
- 상환기간 20년
- 대출이자율 연 10%

① 20,000,000원   ② 24,000,000원   ③ 25,000,000원
④ 26,000,000원   ⑤ 30,000,000원

🏠 문제풀이 TIP

5차 연도이므로 4년이 경과된 것이다.
1. 원금 = 2억원 ÷ 20년 = 1,000만원
2. 이자 = 남원이 : 남은 기간(16년) × 원금(1,000만원) × 이자율(10%) = 1,600만원
   ▶ **남원이** : **남**은 기간(전체기간 − 전년도 회차) × **원**금 × **이**자율   ✿ 암기법 : 이자가 남원이예요!
∴ 원리금 = 1,000만원 + 1,600만원 = 2,600만원

02   A씨는 8억원의 아파트를 구입하기 위해 은행으로부터 4억원을 대출받았다. 은행의 대출조건이 다음과 같을 때, A씨가 3회차에 상환할 원금과 3회차에 납부할 이자액을 순서대로 나열한 것은? (단, 주어진 조건에 한함)

- 대출금리 : 고정금리, 연 6%
- 대출기간 : 20년
- 저당상수 : 0.087
- 원리금상환조건 : 원리금균등상환방식, 연 단위 매기간 말 상환

① 10,800,000원, 23,352,000원
② 11,448,000원, 22,665,120원
③ 11,448,000원, 23,352,000원
④ 12,134,880원, 22,665,120원
⑤ 12,134,880원, 23,352,000원

🔷 **문제풀이 TIP**

3회차에 상환할 원금은 12,134,880원이고 3회차에 납부할 이자액은 22,665,120원이 된다.

구 분	1회차	2회차	3회차
원 금	10,800,000원 (4억×0.027)	11,448,000원 (10,800,000원×1.06)	12,134,880원 (10,800,000원×1.06×1.06)
이 자	24,000,000원	23,352,000원	22,665,120원 (34,800,000원 − 12,134,880원)
원리금	34,800,000원 (4억×0.087)	34,800,000원 (4억×0.087)	34,800,000원 (4억×0.087)

1. 원리금 = 융자원금 × 저당상수
2. 이자 = 융자잔고 × 이자율
3. 원금 = 원리금 − 이자

▶ 1회차 원금 = **융자원금 × (저당상수 − 이자율)**

▶ 2회차 원금 = **1회차 원금 × (1 + 이자율)**

▶ 3회차 원금 = **2회차 원금 × (1 + 이자율)**
   원리금균등상환 원리금 = 34,800,000원
   원리금 = 4억원 × 0.087

∴ 원리금균등상환 3회차 원금 = 12,134,880원
   원금 = 4억원 × 0.027 × 1.06 × 1.06 =

∴ 원리금균등상환 3회차 이자 = 22,665,120원
   이자 = 4억원 × 0.087 − 12,134,880 =

🔷 **문제풀이 TIP**

원금균등상환(CAM)	원리금균등상환(CPM)
① 원금 = 융자원금 / 상환기간 ② 이자 = 융자잔고 × 이자율 ③ 원리금 = 원금 + 이자	① 원리금 = 융자원금 × 저당상수 ② 이자 = 융자잔고 × 이자율 ③ 원금 = 원리금 − 이자
원금균등상환(CAM) − 이자 = 남원이 : 남은 기간 × 원금 × 이자율 원리금균등상환(CPM) − 2회차 원금 : 1회차 원금 × (1+r)	

테마 73 한국주택금융공사의 업무

01 한국주택금융공사의 업무가 아닌 것은?
① 장기 모기지론(mortgage loan)의 공급
② 주택저당채권의 유동화 업무
③ 주택금융신용보증 업무
④ MBS에 대한 지급보증 업무
⑤ 주택연금을 대상자에게 직접 지급, 주택도시기금의 운용·관리, 장기 보금자리주택의 공급

🏠 문제풀이 TIP

1. 주택도시기금, 주택도시보증공사(HUG)
   (1) 주택도시기금 : 주택계정 + 도시계정으로 구분 ‖ **국민주택 규모 이하**(초과×)의 주택을 지원
   (2) 주택도시기금은 ★ [주택금융공사, **주택도시보증공사**]에 기금관리를 위탁
      주택도시기금의 운용·관리는 국토교통부장관이 운용·관리하며, 국토교통부장관은 기금의 운용·관리에 관한 사무의 전부 또는 일부를 **주택도시보증공사에 위탁할 수 있다.**
2. 한국주택금융공사의 주요업무
   (1) 장기 모기지론(보금자리론) 및 디딤돌대출의 공급 및 지급보증 업무
   (2) 주택저당채권의 유동화(저당채권보유, MBS발행 및 지급보증) 업무
   (3) 주택담보노후연금에 대한 보증업무
   (4) 주택금융신용보증(전세자금대출 보증) 업무
      장기 보금자리주택(공공주택)의 공급은 토지주택공사(LH공사)의 업무로 한국주택금융공사의 업무에 해당되지 않는다. 보금자리주택이 아니라 보금자리론을 공급한다.

02 한국주택금융공사법령상 주택금융신용보증기금의 용도로 명시하지 않은 것은? 감정평가사 36회
① 신용보증채무의 이행
② 차입금의 원리금 상환
③ 금융기관에의 예치(豫置)
④ 기금의 육성을 위한 연구·개발
⑤ 기금의 조성·운용 및 관리를 위한 경비

🏠 문제풀이 TIP
③ 금융기관에의 예치(豫置)는 주택금융신용보증기금의 용도가 아니다.

> **한국주택금융공사법 제57조【기금의 용도】** 기금은 다음 각 호의 어느 하나에 해당하는 용도에 사용한다.
> 1. 신용보증채무의 이행
> 2. 차입금의 원리금 상환
> 3. 기금의 조성·운용 및 관리를 위한 경비
> 4. 기금의 육성을 위한 연구·개발
> 5. 그 밖에 기금의 설치목적을 달성하기 위하여 필요한 경우로서 대통령령으로 정하는 용도(주택정보의 상담 및 제공 사업, 주택사업자 등에 대한 경영 및 기술지도 사업)

테마 74 주택연금

01 한국주택금융공사 주택연금에 대한 설명으로 옳은 것은?
① 신청자격은 부부 모두 만 55세 이상인 1세대 1주택 소유자로 한정된다.
② 종신지급방식의 주택연금은 인출한도 설정 후 나머지 부분을 월지급금으로 종신토록 지급받는 방식이다.
③ 주택연금가입자는 주택연금의 전액 또는 일부 정산시 중도상환수수료를 부담하지 않는다.
④ 주택처분가로 대출금회수 후 부족분이 발생하는 경우에는 대출자는 다른 재산 및 상속인에게 청구권을 행사할 수 있다.
⑤ 주택담보노후연금은 연금개시 시점에 주택소유권이 연금지급기관으로 이전된다.

🔷 문제풀이 TIP

1. 주택담보노후연금 제도(역저당, 주택연금제도)

자격조건	① 주택금융공사(HF)의 대출상품 : 나이 제한 : 만 (55)세 이상 ② 주택연금 가입시에는 부부 모두 만 55세 이상이어야 한다. [○, **×**] (아무나) ③ 주택소유자가 반드시 만 55세 이상이어야 한다. [○, **×**] (아무나) ④ 본인명의의 주택만 가입가능하며, 주택금융공사 앞으로 근저당권이 설정된다.
대상주택	공시가격 [12]억원 이하의 주택 = 주택법상 주택, 노인복지주택 외에도 상가 등 복합용도 주택도 대상주택에 포함 - 주택이 전체 부동산에서 차지하는 면적이 (50%) 이상
지급방식	① 종신지급 혹은 종신혼합(단, 수시 인출은 50% 이내) ② 종신방식과 확정기간방식 등이 [**있다**, 없다] ③ 가입자가 원하는 일정기간 동안만 주택연금을 수령할 수 [**있다**, 없다]
대출조건	대출의 기준금리는 CD금리와 COFIX금리 중 하나를 선택 [고정금리, **변동금리**]
대출상환	주택처분가격 > 대출잔액 : 법정상속인 귀속 주택처분가격 < 대출잔액 : [청구, **미청구**]
채권청구	중도상환시 중도상환 수수료 [있다, **없다**]

▶ 주택연금의 대상주택은 (공시가격 등은 ① 공시가격 ⇨ ② 시가표준액 ⇨ ③ 시세 또는 감정평가액 순으로 적용) 12억 이하의 주택 및 지방자치단체에 신고된 노인복지주택이 대상이 되며 업무시설인 오피스텔은 포함되지 않는다. 주거목적 오피스텔만 주택보유수에 포함

테마 75 저당의 유동화

01 저당의 유동화에 대한 설명으로 가장 옳은 것은?

① 저당이 유동화되면 주택금융기관 입장에서는 유동성이 감소하게 된다.
② 2차 저당시장 수익률이 모저당 수익률보다 높을 때 저당의 유동화가 활성화된다.
③ 저당의 유동화는 다른 자본시장이 활황일 경우 자금흐름이 왜곡되는 것을 막을 수 있는 제도적 장치로서의 역할을 한다.
④ 1차 저당시장은 저당대출기관과 다른 기관투자자들 사이에 저당을 사고파는 시장이다.
⑤ 대출자들은 보다 한정된 재원을 가지고 많은 차입자들에게 자금을 공급하게 된다.

📌 문제풀이 TIP
1. 1차 저당시장(자금대출시장): **수요자(차입자)** - 금융기관, 저당권 **형성**
2. 2차 저당시장(자금공급시장): 대출기관 - **투자자**, 저당권 **유동화**
3. 금융기관: 대출여력 **확대**, BIS **제고**, 유동성 **증가**, 유동성위험 **감소**
4. **1차시장금리 > 2차시장금리, 저당(MBS)수익률 > 요구수익률**
5. **한정된 재원** ⇨ **많은** 차입자, 다른 자본시장 **침체시 왜곡방지**, **간접적·장기적**

테마 76 주택저당증권(MBS)

01 다음은 주택저당증권(MBS)에 관한 설명이다. 가장 옳은 것은?
① MBB의 발행기관은 원리금 수취권에 대한 지분권과 주택저당권을 모두 투자자에게 이전시킨다.
② MPTS의 발행기관은 원리금 수취권에 대한 지분권과 주택저당권을 보유한다.
③ MPTS의 경우에는 초과담보가 필요 없다.
④ 투자자 입장에서 가장 안전한 것은 MPTS이다.
⑤ CMO는 트랜치의 규모와 수를 조정함으로써 저당채권처럼 그 존속기간을 다양하게 하여, 단기투자자들이 원하는 콜방어(call protection)를 실현시킬 수 있다.

02 다음은 주택저당증권(MBS)에 관한 설명이다. 가장 옳은 것은?
① MPTS의 투자자는 최초의 주택저당채권 집합물에 대한 소유권을 갖지 않는다.
② CMO의 발행자는 최초의 주택저당채권 집합물에 대한 소유권을 갖지 않는다.
③ MPTS란 지분형 주택저당증권으로 위험을 발행기관이 부담한다.
④ 저당대출자동이체채권(mortgage pay-through bonds)은 하나의 저당집합에서 만기와 이자율을 다양화하여 발행한 여러 종류의 채권을 말한다.
⑤ 일반적으로 CMO의 조기상환위험은 증권 투자자가 부담한다.

03 부동산증권에 관한 설명으로 옳은 것은? 2020년 감정평가사
① 저당이체증권(MPTS)의 모기지 소유권과 원리금 수취권은 모두 투자자에게 이전된다.
② 지불이체채권(MPTB)의 모기지 소유권은 투자자에게 이전되고, 원리금 수취권은 발행자에게 이전된다.
③ 저당담보부채권(MBB)의 조기상환위험과 채무불이행위험은 투자자가 부담한다.
④ 다계층증권(CMO)은 지분형 증권으로만 구성되어 있다.
⑤ 상업용 저당증권(CMBS)은 반드시 공적 유동화중개기관을 통하여 발행된다.

📌 문제풀이 TIP

1. 부동산증권 : 지분증권(REITs, **신디케이트, 조인트벤처**), 부채증권(MBS-4, ABS)
2. 주택저당담보증권(MBS)
   - 원리금 수취권 - 조기상환위험
   - 저당채권소유권 - 채무불이행위험

구 분		저당채권소유권(채무)	원리금 수취권	조기상환위험	콜방어	초과담보	주택저당총액	발행액	초과담보	위험수익
지분형	MPTS 이체증권	투자자	투자자	투자자	×	×	1,000억	1,000억	zero	↑, ↑
채권형	MBB 담보부채권	발행자	발행자	발행자	○	○	1,000억	700억	300억	↓, ↓
혼합형	MPTB 이체(직불)채권	발행자	투자자	투자자	×	△	1,000억	800억	200억	중간
	CMO 다계층채권	발행자	투자자	투자자	장기 가능	△	1,000억	800억	200억	중간

콜방어	MPTS는 콜방어가 인정되지 않으며, MBB는 콜방어가 인정됨 CMO는 장기투자자들이 원하는 콜방어(call protection)를 실현시킬 수 있다.
초과담보	MPTS는 초과담보가 제공되지 않으며, MBB는 초과담보가 제공됨

▶ 우리나라에서는 대부분 CMO이다.

M 주택저당채권	• 저당채권소유권 ⇨ **채무불이행위험** • 원리금 수취권 ⇨ 조기상환위험

🔑 암기법 : T - 투, B - 발,
   MPTB, CMO(다계층채권, 다양한), 원 - 투
                                  소 - 발 (채소밭) - 채소발

- **채무불이행위험** ⇨ 저당채권소유권 ⇨ **발행자**
- ★ MBB(조기상환위험 - 발행자) 유일

04 다음의 내용에 모두 해당하는 모기지(Mortgage)는? 감정평가사 36회

- 차입자가 금융기관에 지불하는 저당지불액이 증권발행자를 통하여 투자자에게 그대로 전달되는 형태이다.
- 기초자산인 모기지 풀(pool)의 현금흐름 및 저당권에 대한 소유권을 나타내는 지분형이다.
- 금융기관이 유동화중개기관을 통해 발행할 수도 있고, 유동화중개기관을 통하지 않고 자체적으로 유동화전문회사(SPC)를 만들어 발행할 수도 있다.
- 모기지 소유자는 채무불이행위험, 조기상환위험, 금리위험을 부담할 수 있다.

① 저당이체증권(MPTS)
② 저당담보부채권(MBB)
③ 지불이체채권(MPTB)
④ 다계층증권(CMO)
⑤ 상업용저당증권(CMBS)

🔑 문제풀이 TIP

① 저당이체증권(MPTS)은 지분형으로 차입자가 금융기관에 지불하는 저당지불액이 증권발행자를 통하여 투자자에게 그대로 전달되는 형태이고 채무불이행위험, 조기상환위험, 금리위험을 모기지 소유자(투자자)가 부담한다.

테마 77 프로젝트 금융방식(PF)

01 프로젝트 금융에 관한 설명으로 틀린 것은?

① 복잡한 계약에 따른 사업의 지연과 이해당사자 간의 조정의 어려움은 사업주와 금융기관 모두의 입장에서 단점으로 작용한다.
② 일정한 요건을 갖춘 프로젝트 회사는 법인세 감면을 받을 수 있다.
③ 프로젝트 금융의 자금은 건설회사 또는 시공회사가 자체계좌를 통해 직접 관리한다.
④ 프로젝트 금융이 부실화될 경우 해당 금융기관의 부실로 이어질 수 있다.
⑤ 비소구 또는 제한적 소구금융의 특징을 가지고 있다.

02 프로젝트 금융으로 대출할 경우에 대한 설명으로 가장 옳은 것은?

① 대출자는 부외금융효과를 누릴 수 있어 재무수용능력이 제고된다.
② 이해당사자들은 다양한 보증을 제공하게 되며, 이를 통해 동일한 조건의 다른 개발사업에 비해 해당 개발사업의 위험이 감소될 수 있다.
③ 개발사업주와 개발사업의 현금흐름을 분리시킬 수 있어, 개발사업주의 파산이 개발사업에 영향을 미치게 된다.
④ 개발사업에 대한 사업성 검토에 집중하기 때문에, 정보의 비대칭성 문제가 발생한다.
⑤ 프로젝트 금융은 기업금융에 비해 금리, 수수료 등이 낮은 것이 대부분이다.

🔥 **문제풀이 TIP**

☑ **프로젝트 파이낸싱(PF)**

1. **사업성, 미래 발생할 현금흐름, 사업 자체의 자산** 근거(물적담보×, 신용도×)
   (1) 부동산개발로 인해 발생하는 현금흐름을 담보로 개발에 자금을 조달
   (2) 사업주가 이미 대출한도를 넘어섰거나 대출제약요인이 있는 경우에도 가능
2. **비(제한)소구금융** 또는 **제한소구금융** – 사업 실패시 모기업에 **상환청구 불가**
   비(제한)소구금융: 프로젝트 부실 ⇨ 금융기관 부실, 금융기관 채권회수 곤란
   (1) 프로젝트 금융에 의한 채무는 사업주와 독립적, 부채상환의무가 사업주에게 전가×
   (2) 프로젝트 회사는 법률적·경제적으로 완전히 독립적인 회사
   (3) 자금관리는 부동산 신탁회사가 에스크로우(Escrow, 독립, 위탁) 계정으로 관리
3. **부외금융**: 재무상태표 부채 표시×, **사업주 장점**(금융기관, 대출자 장점×)
4. 정보비대칭성 문제 **감소(정보 대칭)**
5. 위험 **大**, 금리⬆, **위험감소** 방안 – **다양한 사업주체**의 참여, **보증 또는 보험의 제공**
   (1) 대규모 자금이 소요되고 공사기간이 장기간 사업에 적합
   (2) 이해당사자 간의 이견이 있을 경우에는 사업지연을 초래할 수 있다.

테마 78   부동산투자회사법

01 우리나라 부동산투자회사(REITs)에 관한 설명 중 옳은 것은?
① 자기관리 부동산투자회사의 설립 자본금은 5억원 이상이며, 영업인가 또는 등록 후 6개월 이내에 50억원을 모집하여야 한다.
② 위탁관리 부동산투자회사의 설립 자본금은 3억원 이상이며 영업인가 또는 등록 후 6개월 이내에 30억원을 모집하여야 한다.
③ 감정평가사, 공인중개사로서 해당 분야에 5년 이상 종사한 사람은 자기관리 부동산투자회사의 자산운용 전문인력이 될 수 있다.
④ 자기관리 부동산투자회사와 기업구조조정 부동산투자회사는 모두 실체형 회사의 형태로 운영된다.
⑤ 부동산투자회사는 금융기관으로부터 자금을 차입할 수 없으며, 부동산투자회사는 현물출자에 의한 설립이 가능하다.

02 현행 「부동산투자회사법」상 부동산투자회사에 대한 내용으로 옳은 것은?
① 자기관리 부동산투자회사는 자산의 투자·운용업무를 자산관리회사에게 위탁하여야 한다.
② 자기관리 부동산투자회사 및 자산관리회사는 법령을 준수하고 자산운용을 건전하게 하며 주주를 보호하기 위하여 임직원이 따라야 할 기본적인 절차와 기준(이하 "내부통제기준"이라 한다)을 제정하여 시행하여야 한다.
③ 자기관리 부동산투자회사는 최저자본금준비기간이 끝난 후에는 매 분기 말 현재 총자산의 100분의 70 이상을 부동산, 부동산 관련 증권 및 현금으로 구성하여야 한다.
④ 기업구조조정 부동산투자회사는 1인과 그 특별관계자는 최저자본금준비기간이 끝난 후에는 부동산투자회사의 발행주식 총수의 100분의 50을 초과하여 주식을 소유하지 못한다.
⑤ 기업구조조정 부동산투자회사는 회사의 실체가 없는 명목회사로 법인세 면제 혜택이 없다.

03 부동산투자회사법령상 부동산투자회사에 관한 내용으로 옳지 않은 것은? 감정평가사 35회

① 영업인가를 받거나 등록을 한 날부터 최저자본금준비기간이 지난 자기관리 부동산투자회사의 최저자본금은 70억원 이상이 되어야 한다.
② 최저자본금준비기간이 끝난 후에는 매 분기 말 현재 총 자산의 100분의 80 이상을 부동산, 부동산 관련 증권 및 현금으로 구성하여야 한다. 이 경우 총자산의 100분의 70 이상은 부동산(건축 중인 건축물을 포함한다)이어야 한다.
③ 부동산투자회사는 부동산 등 자산의 운용에 관하여 회계처리를 할 때에는 금융감독원이 정하는 회계기준에 따라야 한다.
④ 부동산투자회사의 상근 임원은 다른 회사의 상근 임직원이 되거나 다른 사업을 하여서는 아니 된다.
⑤ 위탁관리 부동산투자회사란 자산의 투자·운용을 자산관리회사에 위탁하는 부동산투자회사를 말한다.

04 「부동산투자회사법」상 부동산투자회사에 관한 설명으로 옳은 것은? 2022년 감정평가사

① 최저자본금준비기간이 지난 위탁관리 부동산투자회사의 자본금은 70억원 이상이 되어야 한다.
② 자기관리 부동산투자회사의 설립 자본금은 3억원 이상으로 한다.
③ 자기관리 부동산투자회사에 자산운용 전문인력으로 상근하는 감정평가사는 해당 분야에 3년 이상 종사한 사람이어야 한다.
④ 최저자본금준비기간이 끝난 후에는 매 분기 말 현재 총자산의 100분의 80 이상이 부동산(건축 중인 건축물 포함)이어야 한다.
⑤ 위탁관리 부동산투자회사는 해당 연도 이익을 초과하여 배당할 수 있다.

문제풀이 TIP

부동산투자회사(REITs): **지분투자·간접투자·다수투자자**

1. 자기관리 부동산투자회사(**실체**회사)
   (1) 자산 **직접운용**, 직원 ○, 지점 ○, 법인세 ○
   (2) 자본금: 설립 5억, 인가 후 6개월 최저 70억
   (3) 자산운용 전문인력: **감정평가사·공인중개사**(공인회계사 ×)로 해당 분야 5년 이상 종사, 부동산 관련 분야 **석사**(서억사)학위 이상 부동산의 투자·운용과 관련된 업무 3년 이상 종사, 부동산투자회사·**자산관리회사**·부동산 투자자문회사 등 5년 이상 근무 후 부동산의 취득·처분·관리·개발 또는 자문 등의 업무에 3년 이상 종사

2. 위탁관리·기업구조조정 부동산투자회사(**명목**회사)
   (1) **자산관리회사**에 위탁, 직원×, 지점×, 법인세×
       부동산 투자자문회사: 자산의 투자운용 의사결정에 필요한 조사·분석 및 정보제공, 자문 및 평가업무
   (2) 자본금: 설립 3억, 등록 후 6개월 최저 50억

3. 현물출자: 설립시 **불가**, 인가·등록·최저자본금 **갖춘 후 가능**
4. 배당: 자기 50%, 위탁 90%(초과배당 **가능**), 구조 90%
5. 주식공모: 인가·등록 후 2년 내 자기 30%, 위탁 30%, 구조×
6. 1인당 주식 소유한도: 자기 50%, 위탁 50%, 구조×
7. 자산의 구성: 부동산, 부동산관련 증권 및 현금 총자산 80% 이상, 부동산 총자산 70% 이상
8. 회계처리: **금융위원회**(금융감독원×)가 정하는 회계처리기준에 따라야 한다.
9. **자기관리 부동산투자회사** 및 **자산관리회사**는 내부통제기준을 제정하여 시행하여야 한다.
   ※ 암기법: 자자 버스내부에서
10. 기업의 구조조정 부동산투자회사에 관한 특례 – 적용배제
    주식공모(30%) + 주식분산(50%) + 처분제한(기간) + 자산구성(80%)
11. 차입: 차입이 가능하며, 2배 또는 10배의 규정이 있음

Chapter 07 부동산 개발 및 관리론

테마 79 부동산개발의 과정과 위험

01 부동산개발에 대한 설명이다. 가장 옳은 것은?
① 흡수율분석은 부동산시장의 과거의 추세를 정확하게 파악하는 것이 주된 목적이다. 투자결정분석은 부동산개발에 영향을 미치는 인근 환경요소의 현황과 전망을 분석하는 과정이다.
② 개발사업에 있어서 법률적 위험은 용도지역·지구제와 같은 사법적 측면과 소유권 관계와 같은 공법적 측면에서 형성될 수 있다.
③ 개발사업부지에 군사시설보호구역이 일부 포함되어 사업이 지연되었다면 이는 시장위험 분석을 소홀히 한 결과이다.
④ 마케팅비용을 절감시키기 위해서 중요 임차자는 개발사업 중반부터 확보한다.
⑤ 예비적 타당성분석단계에서는 개발사업이 완공되었을 때 기대되는 편익과 비용을 개략적으로 추계하여 사업성을 검토한다.

02 워포드(L. Wofford)의 부동산개발 7단계의 순서로 올바르게 나열한 것은? 2019년 감정평가사

㉠ 사업구상(아이디어)	㉡ 마케팅
㉢ 예비적 타당성분석	㉣ 부지확보
㉤ 금융	㉥ 건설
㉦ 타당성분석	

① ㉠-㉡-㉢-㉣-㉦-㉤-㉥
② ㉠-㉡-㉢-㉦-㉤-㉣-㉥
③ ㉠-㉢-㉡-㉦-㉣-㉤-㉥
④ ㉠-㉢-㉣-㉦-㉤-㉥-㉡
⑤ ㉠-㉣-㉢-㉤-㉦-㉥-㉡

03 부동산개발의 시장위험에 해당하지 않는 것은? (단, 다른 조건은 불변임) 2019년 감정평가사
① 이자율 상승
② 행정인허가 불확실성
③ 공실률 증가
④ 공사자재 가격급등
⑤ 임대료 하락

04 부동산개발업의 관리 및 육성에 관한 법률상 부동산개발에 해당하지 않는 행위는?

2020년 감정평가사

① 토지를 건설공사의 수행으로 조성하는 행위
② 토지를 형질변경의 방법으로 조성하는 행위
③ 시공을 담당하는 행위
④ 건축물을 건축기준에 맞게 용도변경하는 행위
⑤ 공작물을 설치하는 행위

> **부동산개발업의 관리 및 육성에 관한 법률 제2조【정의】**
> 1. 부동산개발이란 다음 각 목의 어느 하나에 해당하는 행위를 말한다. 다만, 시공을 담당하는 행위를 제외한다.
>   가. 토지를 건설공사의 수행 또는 형질변경의 방법으로 조성하는 행위
>   나. 건축물을 건축·대수선·리모델링 또는 용도변경하거나 공작물을 설치하는 행위
> 2. 부동산개발업이란 타인에게 공급할 목적으로 부동산개발을 수행하는 업을 말한다.

05 개발업자 甲이 직면한 개발사업의 시장위험에 관한 설명으로 옳지 않은 것은?

2020년 감정평가사

① 개발기간 중에도 상황이 변할 수 있다는 점에 유의해야 한다.
② 개발기간이 장기화될수록 개발업자의 시장위험은 높아진다.
③ 선분양은 개발업자가 부담하는 시장위험을 줄일 수 있다.
④ 금융조달비용의 상승과 같은 시장의 불확실성은 개발업자에게 시장위험을 부담시킨다.
⑤ 후분양은 개발업자의 시장위험을 감소시킨다.

🔺 문제풀이 TIP

1. 「부동산개발업의 관리 및 육성에 관한 법률」상 부동산개**발**은 **시**공을 담당하는 행위는 **제외**된다.
2. 부동산개발과정의 7단계 ✿ 암기법: 아예! 불타는 금요일은 건마와 함께

   > **구상(아이디어)** ⇨ **전**실행가능성분석(예비적 타당성분석) ⇨ **부지매입** ⇨ **실**행가능성분석(타당성분석) ⇨ **금융** ⇨ **건설** ⇨ **마케팅(매도, 임대 − 초기)**

3. 선분양은 개발업자의 시장위험을 감소시키지만, 후분양은 개발업자의 시장위험을 증가시킨다.
4. 부동산개발의 위험: 법·시·비
   (1) 법적위험: 공법적 위험(토지이용규제), 사법적 위험(소유권관계), 이용계획이 확정된 토지 구입
   (2) 시장위험: 수·급 변화, 공실·이자율의 변화
      ① **시장연구**: 특정, **수요공급**, 선행
      ② **시장성연구**: 개발된, **매매**, 후행
      ③ **흡수율분석**: **구체, 미시**, 과거분석, **미래예측 목적**

(3) 비용위험: 최대가격보증계약 체결(단점 – 개발비용 상승)
   인플레이션이 심할수록, 개발기간이 연장될수록 더 커진다.
5. 스스로 관리할 수: 있는 위험 vs 없는 위험
  (1) 관리할 수 있는 위험: 부실공사 하자에 따른 책임
  (2) 관리할 수 없는 위험: 매장문화재 출토, 거시적 시장환경변화, 사회간접자본시설 확충 지연, 행정 변화
6. 아파트 재건축사업조합의 사업성(개발사업)
   유일: **용적률, 분양가 상승** (용분 상승)

긍정적 영향: 앗싸!	부정적 영향: 에이씨!
① 건설자재 가격 **하락**	① 건설자재 가격 **상승**
② 일반분양분 분양가 **상승**	② 일반분양분 분양가 **하락**
③ 조합원부담금 **인하**	③ 조합원부담금 **인상**
④ 용적률의 **할증**	④ 용적률의 **축소**
⑤ 이주비 대출금리 **하락**	⑤ 이주비 대출금리 **상승**
⑥ 공사기간 **단축**	⑥ 공사기간 **연장**
⑦ 기부채납의 **감소**	⑦ 기부채납의 **증가**

테마 80 부동산개발의 타당성분석

01 부동산개발의 타당성에 관한 설명이다. 가장 옳은 것은?
① ㉠ 지역경제분석 ⇨ ㉡ 시장성분석 ⇨ ㉢ 시장분석 ⇨ ㉣ 타당성분석 ⇨ ㉤ 투자분석 순이다.
② 개발된 부동산이 현재나 미래의 시장상황에서 매매나 임대될 수 있는 능력을 분석하는 것은 시장성분석이다.
③ 시장차별화는 수요자의 특성에 따라 시장을 구분하는 것을 말한다.
④ 시장분석이란 경제성분석의 결과로 주어진 자료를 기본으로 하여 개발사업에 대한 수익성을 평가하고 최종적인 투자결정을 하는 것을 의미한다.
⑤ 경제성분석에서는 사업의 정보제공, 제약조건, 시장에서의 채택가능성 등을 분석한다.

02 부동산개발사업에 관련된 설명으로 옳은 것을 모두 고른 것은?

㉠ 개발기간의 연장, 이자율의 인상, 인플레이션의 영향으로 개발비용이 증가하는 위험은 비용위험에 속한다.
㉡ 개발부동산의 선분양제도는 후분양제도에 비해 사업시행자가 부담하는 시장 위험을 줄일 수 있다.
㉢ 민감도분석에 있어 주요 변수로는 토지구입비, 개발기간, 분양가격 등이 있다.
㉣ 수익성지수가 1보다 크다는 것은 순현가가 '0'(zero)보다 크다는 뜻이다.

① ㉠, ㉡   ② ㉡, ㉢   ③ ㉠, ㉢, ㉣
④ ㉡, ㉢, ㉣   ⑤ ㉠, ㉡, ㉢, ㉣

🏠 문제풀이 TIP

1. 시장분석(선행)	2. 경제성 분석(후행)
① **지역경제분석**(모든 부동산, 거시적)	④ **타당성분석**
② **시장분석**(특정 부동산, 수요공급)	⑤ **투자분석**
③ **시장성분석**[개발된 부동산, 매매(분양)]	
💡 암기법: 성매매, 임대	
정보제공, 제약조건	
시장에서의 채택가능성	수익성, 최종투자결정
지역, 근린, 부지, 수요, 공급분석	

1. **민감도분석**: 타당성분석에 활용된 투입요소의 변화가 그 결과치에 어떠한 영향을 주는가를 분석하는 기법
2. **흡수율분석**은 시장에 공급된 부동산이 시장에서 일정기간 동안 소비되는 비율을 조사하여 해당 부동산시장의 추세를 파악하는 것이다.

💡 암기법: 민변(민감도분석 변화)으로 흡수(흡수율분석)되는 추세

테마 81 부동산개발의 유형

01 민간에 의한 택지개발에 대한 설명으로 가장 옳은 것은?

내용/구분	공사발주	자금조달	수수료	주요한 특징
사업수탁방식	개발업자	(②)명의	있음	개발업자는 지분을 (①)
등가교환방식	개발업자	개발업자	(③)	지분을 (④)함
토지신탁방식	신탁회사	(⑤)	있음	형식적 소유권이 이전됨

① 갖는다. ② 개발업자 ③ 수수료는 있음
④ 토지소유자만 가짐 ⑤ 신탁회사

02 부동산개발방식을 설명한 것 중 가장 옳은 것은?
① BTO방식은 민간이 개발한 시설의 소유권을 준공과 동시에 공공에 귀속시킨다. 사업시행자인 민간은 일정기간 시설관리운영권을 가지며, 공공은 그 시설을 임차하여 사용한다.
② 토지신탁방식의 경우 토지소유권은 개발업자에게 이전되며, 토지소유자가 자금을 조달하여 사업을 시행한다.
③ 사업수탁방식의 경우 토지소유자가 토지소유권을 보유한 상태로 개발업자가 사업의 전반을 담당하는 방식이지만, 개발사업에서 발생하는 이익은 모두 토지소유자가 갖는 방식으로 개발업자는 수수료를 취득하는 방식이다.
④ 등가교환방식에서는 수수료 문제가 발생할 수 있다.
⑤ 환지방식이란 택지가 개발된 후 개발된 토지를 토지 소유자에게 매각하는 방식이다.

03 부동산개발에 관한 설명으로 옳은 것은?
① 보전재개발은 현재의 시설을 대부분 그대로 유지하면서 노후·불량화의 요인만을 제거하는 재개발을 말한다.
② BTL(build-transfer-lease): 사업시행자가 시설을 준공하여 소유권을 보유하면서 시설의 수익을 가진 후 일정기간 경과 후 시설소유권을 국가 또는 지방자치단체에 귀속시키는 방식이다.
③ BTO(build-transfer-operate): 사업시행자가 시설의 준공과 함께 소유권을 국가 또는 지방자치단체로 이전하고, 해당 시설을 국가나 지방자치단체에 임대하여 수익을 내는 방식이다.
④ BOT(build-operate-transfer): 시설의 준공과 함께 시설의 소유권이 국가 또는 지방자치단체에 귀속되지만, 사업시행자가 정해진 기간 동안 시설에 대한 운영권을 가지고 수익을 내는 방식이다.
⑤ BOO(build-own-operate): 시설의 준공과 함께 사업시행자가 소유권과 운영권을 갖는 방식이다.

04 민간투자사업의 추진방식에 관한 설명으로 옳지 않은 것은? 2019년 감정평가사

① 사회기반시설의 준공과 동시에 해당 시설의 소유권이 국가 또는 지방자치단체에 귀속되며, 사업시행자에게 일정기간의 시설관리운영권을 인정하는 방식을 BTO방식이라고 한다.

② 사회기반시설의 준공과 동시에 해당 시설의 소유권이 국가 또는 지방자치단체에 귀속되며, 사업시행자에게 일정기간의 시설관리운영권을 인정하되, 그 시설을 국가 또는 지방자치단체 등이 협약에서 정한 기간 동안 임차하여 사용·수익하는 방식을 BTL방식이라고 한다.

③ 사회기반시설의 준공 후 일정기간 동안 사업시행자에게 해당 시설의 소유권이 인정되며 그 기간이 만료되면 시설소유권이 국가 또는 지방자치단체에 귀속되는 방식을 BOT방식이라고 한다.

④ BTO방식은 초등학교 교사 신축사업에 적합한 방식이다.

⑤ BTL방식은 사업시행자가 최종수요자에게 사용료를 직접 부과하기 어려운 경우 적합한 방식이다.

05 토지개발방식으로서 수용방식과 환지방식의 비교에 관한 설명으로 옳지 않은 것은? (단, 사업구역은 동일함)

① 수용방식은 환지방식에 비해 종전 토지소유자에게 개발이익이 귀속될 가능성이 큰 편이다.

② 수용방식은 환지방식에 비해 사업비의 부담이 큰 편이다.

③ 수용방식은 환지방식에 비해 기반시설의 확보가 용이한 편이다.

④ 환지방식은 수용방식에 비해 사업시행자의 개발토지 매각부담이 적은 편이다.

⑤ 환지방식은 수용방식에 비해 종전 토지소유자의 재정착이 쉬운 편이다.

🏠 문제풀이 TIP

1. 재개발
   (1) 보전재개발 : **사전**에 노후화·불량화 **방지**(가장 소극적)
   (2) 수복재개발 : 현재 대부분 시설 그대로 보전하면서, **노후·불량화의 요인만 제거**(소극적)

2. 택지개발
   사업수탁·토지신탁(개발자 − 수수료), 대물변제(수수료 ×) ⇨ 탁 수수료, 안탁 안수수료
   (1) 공사비대물변제형(등가교환) : **공유**(토지소유자 + 개발업자) − 부동산, **수수료** ×
   대물교환방식 : 사업부지를 소유하고 있는 토지소유자가 개발이 완료된 후 개발업자나 시공사에게 공사대금을 완공된 일부의 건물로 변제하고, 나머지는 분양하거나 소유하는 형태이다. 2023년 감정평가사
   (2) 분양금공사비지급형 : **공유**(토지소유자 + 개발업자) − 분양금, **수수료** ×

(3) **투자자모집형**: 개발자가 투자자로부터 사업자금 마련(조합, 신디케이트)
(4) **사업수탁방식**: 소유권이전×, **토지소유자** 명의로 사업시행·자금조달(**수수료**), **공유**×
(5) **토지신탁방식**: 신탁회사에 소유권이전 ○, **신탁회사** 명의, **신탁회사**가 자금조달(**수수료**), **공유**×
  ① **지분, 면적 나눔**: 등가교환
  ② **사업위탁**은 대부분: "토지소유자 – 갑"
  ③ **토지신탁**은 대부분: "신탁회사 – 을"

3. 민간투자사업방식
  (1) **민간이 (건설)준공**: B
  (2) **정부지자체 이전**: T
  (3) **민간이 운영수익**: O
  (4) **민간에게 임대**: L
  (5) **민간이 직접소유**: Own
    ① BTO: 민간이 준공(건설) ⇨ 정부에 소유권**이전** ⇨ 민간에 일정기간 **운영권** 부여
    ② BOT: 민간이 준공(건설) ⇨ 민간에 **소유권·운영권부여** ⇨ 정부에 소유권**이전**
    ③ BTL: 민간이 준공(건설) ⇨ 정부에 소유권**이전** ⇨ 운영권을 정부에 **임대**
    ④ BLT: 민간이 준공(건설) ⇨ 정부에 운영권 **임대** ⇨ 정부에 소유권**이전**
    ⑤ BOO: 민간이 준공(건설) ⇨ 민간에 **소유권·운영권부여**
      • BTO방식(수익형): **직접회수**, 민간 위험 **大**, 수익 **大** (**사후수익** 보장, **민간제안**, 정부채택)
        예 고속도로, 터널, 철도, 항만 등
      • BTL방식(임대형): **임대료** 회수, 민간 위험 **小**, 수익 **小** (**사전수익** 보장, **정부제안**, 민간채택)
        예 학교건물, 기숙사, 군인아파트

4. 환지방식과 매수방식

구 분	환지방식(토지구획정리사업)	매수방식(공영개발)
의 의	택지개발 전 토지의 위치·지목·면적·등급·이용도를 고려하여, 택지가 개발된 후 개발된 토지를 체비지와 보류지를 제외하고 **토지소유자에게 재분배**	공공개발주체에 의한 '전면매수 – 전면개발 – 전면분양'으로 시행자가 직접 재원 조달 후 개발사업을 진행하여 실수요자에게 매각·임대
장 점	초기자금부담↓, 재산권 침해↓	속도↑, 개발이익환수 용이
단 점	절차 복잡, 개발이익의 사유화 우려	초기자금부담↑, 피수용자와 갈등(민원)

▶ 혼용방식(혼합방식): 일부지역 환지방식 + 일부지역 수용방식을 혼합해서 사용

테마 82 | 도시 및 주거환경정비법

01 다음은 도시 및 주거환경정비법령상 정비사업이다. 그 연결이 옳은 것은?

⊙ 정비기반시설은 양호하나 노후·불량건축물에 해당하는 공동주택이 밀집한 지역에서 주거환경을 개선하기 위한 사업
ⓒ 도시저소득 주민이 집단거주하는 지역으로서 정비기반시설이 극히 열악하고 노후·불량건축물이 과도하게 밀집한 지역의 주거환경을 개선하거나 단독주택 및 다세대주택이 밀집한 지역에서 정비기반시설과 공동이용시설 확충을 통하여 주거환경을 보전·정비·개량하기 위한 사업
ⓒ 정비기반시설이 열악하고 노후·불량건축물이 밀집한 지역에서 주거환경을 개선하거나 상업지역·공업지역 등에서 도시기능의 회복 및 상권활성화 등을 위하여 도시환경을 개선하기 위한 사업

	⊙	ⓒ	ⓒ
①	주거환경개선사업	재건축사업	재개발사업
②	재개발사업	재건축사업	주거환경개선사업
③	재개발사업	주거환경개선사업	재건축사업
④	재건축사업	재개발사업	주거환경개선사업
⑤	재건축사업	주거환경개선사업	재개발사업

🏠 문제풀이 TIP

VS	**주거환경개선(정비, 관리 ×)사업** (극단주거) 극히열악, 과도밀집, 단독주택, 다세대주택 주거환경 보전·정비·개량	VS	**재개발사업** (상열개발) 열악, 밀집 상업·공업지역, 도시기능회복, 상권활성화, 도시환경개선	VS	**재건축사업** (공양건축) 양호 공동주택밀집 주거환경개선

테마 83 | 부동산관리

01 다음의 부동산관리에 대한 설명 중 가장 옳은 것은?

- ① 인력관리는 (㉠)에, 계약관리는 (㉡)에, 화재보험에 가입하는 것은 기술적 관리 중 (㉢)에 포함된다.
- 주로 투자영역과 관련된 프로젝트 파이낸싱, 건물의 매입 및 매각관리, 투자리스크 관리, 포트폴리오 관리 등은 (②)에 해당된다.
- 주로 기술적 관리에 해당되는 설비관리, 외주관리, 에너지관리 등은 (③)에 속한다.
- 자가관리는 위탁관리에 비해서 보안관리 및 기밀유지 측면에서는 더 (④)하다.
- ⑤ 혼합관리는 시설관리를 (㉠)로 하는데 문제가 발생하면 책임소재가 (㉡)해진다.

① ㉠ 법률적 관리, ㉡ 경제적 관리, ㉢ 보안관리
② 시설관리
③ 자산관리
④ 불리
⑤ ㉠ 위탁관리, ㉡ 불명확

02 부동산관리에 관한 설명으로 옳은 것은? 2018년 감정평가사

① 시설관리(facility management)는 부동산시설의 자산 및 부채를 종합관리하는 것으로 시설사용자나 기업의 요구에 따르는 적극적인 관리에 해당한다.
② 자기관리방식은 입주자와 소통 측면에 있어서 위탁관리방식에 비해 유리한 측면이 있다.
③ 위탁관리방식은 자기관리방식에 비해 기밀유지가 유리한 측면이 있다.
④ 혼합관리방식은 자기관리방식에 비해 문제발생시 책임소재 파악이 용이하다.
⑤ 건물의 고층화와 대규모화가 진행되면서 위탁관리방식에서 자기관리방식으로 바뀌는 경향이 있다.

03 부동산관리자의 업무내용에 대한 설명 중 가장 옳은 것은?

① 경제적 측면의 부동산관리는 대상부동산의 물리적·기능적 하자의 유무를 판단하여 필요한 조치를 취하는 것이다.
② 임차자의 선정기준은 주거용 부동산의 경우는 유대성, 매장용 부동산의 경우는 가능 매상고, 공업용 부동산의 경우는 적합성을 기준으로 한다.
③ 임대차계약의 유형은 주거용 부동산의 경우는 조임대차, 공업용 부동산은 2차 순임대차가 일반적이다.
④ 순임대차는 임차인의 총수입 중에서 일정비율을 임대료로 지불하는 방법을 말한다.
⑤ 3차 순임대차는 2차 순임대차에서 지불하는 항목 외에도 보험료까지 지불하는 형태를 의미한다.

🏠 문제풀이 TIP

1. 복합적 관리

기술적 관리(유지관리)	경제적 관리(경영관리)	법률적 관리(보존관리)
경계 확정, 사도, 경사지 대책	순수익 산출	권리관계 조정, 토지도난방지대책
위생, 설비, **보안(보험가입)**, 보전	손익분기점, 회계관리, **인력관리**	**계약관리**, 권리 보존, 공법상 규제

2. 부동산관리의 세 가지 영역

시설관리(유지관리)	건물 임대차관리(재산관리)	자산관리(투자관리)
설비의 운전·보수, 에너지관리, 청소관리, 방범·방재	수입목표수립, 비용통제, 지출계획, 임대차 유치 및 유지	부동산 매입매각, 재투자, 재개발, 포트폴리오, 투자 리스크, 프로젝트 파이낸싱

3. 주거용(**유대성, 조임대차**), 매장용(**가능매상고, 비율임대차**), 공업용(**적합성, 3차 순임대차**)
   ▶ 순임대차: 순수임대료 + **세금**(1차) + **보험료**(2차) + **유지수선비**(3차)

4. 부동산관리방식

구 분	장 점	단 점
자가관리	• 보안관리 유리, 애호정신 높음 • 종합적 관리 용이, 신속, 신뢰도↑	• 본업 열중×, 타성화 우려 • 전문성을 발휘할 수 없음
위탁관리	• 본업 전념, 타성화 방지 • 전문업자를 활용, 합리적	• 보안관리 불리, 애호정신 낮음 • 종합적 관리 곤란, 신속×, 신뢰도↓

04 다음에 모두 해당되는 부동산관리방식은? 감정평가사 36회

> • 소유주나 기업의 부를 극대화시키기 위하여 부동산의 가치를 증진시킬 수 있는 다양한 방법을 모색하는 적극적인 관리
> • 위험분산 차원에서 부동산의 유형과 지역의 혼합, 보유부동산의 개량 매각, 개별 부동산의 특성을 고려한 보유기간산정, 레버리지 활용 등
> • 포트폴리오(portfolio) 관점에서의 종합적인 관리

① 신탁관리   ② 시설관리   ③ 자산관리
④ 수탁관리   ⑤ 직접관리

🏠 문제풀이 TIP
③ 자산관리(AM)는 소유주나 기업의 부를 극대화시키기 위하여 부동산의 가치를 증진시킬 수 있는 다양한 방법을 모색하는 적극적인 관리를 말한다.

테마 84 빌딩의 연수사이클

01 다음 중 건물의 생애주기에 관한 설명 중 틀린 것은?
① 건물의 생애주기는 전개발단계 ⇨ 신축단계 ⇨ 안정단계 ⇨ 노후단계 ⇨ 완전폐물단계이다.
② 안정단계에서는 물리적·기능적 유용성이 최대화된다.
③ 건물의 생애주기 중에서 안정단계가 가장 긴 주기를 갖는다.
④ 빌딩의 노후단계에는 급격히 악화되는 시기로 교체계획을 세우는 것이 유리하다.
⑤ 안정단계에서는 자본적·수익적 지출이 이루어진다.

테마 85 비율임대차 계산문제 30·31·34·35회

01 다음은 매장의 매출액이 손익분기점 매출액 이하이면 기본임대료만 지급하고, 손익분기점 매출액 초과이면 초과매출액에 대하여 일정 임대료율을 적용한 추가임대료를 기본임대료에 가산하여 임대료를 지급하는 비율임대차(percentage lease)방식의 임대차계약의 조건이다. 이 임대차계약에서 계약기간 동안 지급할 것으로 예상되는 임대료의 합계는? (단, 주어진 조건에 한함) 감정평가사 35회

- 계약기간: 1년(1월 ~ 12월)
- 매장 임대면적: 200m²
- 임대면적당 기본임대료: 월 5만원/m²
- 손익분기점 매출액: 월 2,000만원
- 각 월별 예상매출액
  - 1월 ~ 7월: 8만원/m²
  - 8월 ~ 12월: 20만원/m²
- 손익분기점 초과시 초과매출액에 대한 임대료율: 10%

① 11,000만원 ② 11,500만원 ③ 12,000만원
④ 12,500만원 ⑤ 13,000만원

🏠 문제풀이 TIP

비율임대차 임대료 = 7,000만원 + 6,000만원 = 13,000만원

- 1월 ~ 7월 : 1,000만원 × 7월 = 7,000만원

매출액 = 1천 6백만원 (8만원×200m²)	초과금액 : 0원	추가임대료 = 없음	월 임대료 1,000만원
	손익분기점 : 2천만원	기본임대료 = 1천만원 (5만원×200m²)	

- 8월 ~ 12월 : 1,200만원 × 5월 = 6,000만원

매출액 = 4천만원 (20만원×200m²)	초과금액 : 2천만원	추가임대료 = 200만원 (2천만원×10%)	월 임대료 1,200만원
	손익분기점 : 천만원	기본임대료 = 1천만원 (5만원×200m²)	

테마 86   부동산마케팅

01 다음 중 부동산마케팅에 대한 설명으로 가장 옳은 것은?

① 4P MIX 전략이란 제품(product), 가격(price), 유통경로(place), 차별화(positioning)의 제 측면에서 차별화를 도모하는 전략을 말하며, 주로 상업용 부동산의 마케팅에서 사용되고 있다.
② 고객점유마케팅 전략은 '브랜드(Brand)'의 문제와 관계가 된다.
③ 관계마케팅 전략은 소비자의 구매의사결정 과정(AIDA)의 각 단계에서 소비자와의 심리적인 접점을 마련하고 전달하려는 메시지의 취지와 강약을 조절하는 전략이다.
④ 공급자의 전략차원으로서 표적시장을 선점하거나 틈새시장을 점유하는 것을 시장점유마케팅 전략이라 한다.
⑤ 주택청약자를 대상으로 추첨을 통해 벽걸이TV, 양문형 냉장고 등을 제공하는 것은 마케팅믹스 전략 중 가격(price) 전략에 해당된다.

02 다음 자료에서 괄호 안에 들어갈 내용 중 가장 옳은 것은?

> ㉠ 4P MIX 중 직접분양 혹은 분양대행사를 효과적으로 활용하거나 부동산중개업자, 현 입주자, 주택금융기관 등을 효과적으로 활용하는 전략은 (①)에 속한다.
> ㉡ 단지 내 자연 친화적인 공간설치, 거주자 라이프스타일을 반영한 평면설계, 보안설비의 디지털화, 지상주차장의 지하화 등은 (②)에 속한다.
> ㉢ 마케팅 전략 중 (③)이란 마케팅활동을 수행할 만한 가치가 있는 명확하고 유의미한 구매자집단으로 시장을 분할하는 활동을 말한다.
> ㉣ 세분화된 시장에서 자신의 상품과 일치되는 수요자집단을 확인하거나 선정된 표적집단에서 신상품을 기획하는 것을 (④)이라 한다.
> ㉤ 동일한 표적시장을 갖는 다양한 공급경쟁자 사이에서 자신의 상품을 어디에 위치시킬 것인가 하는 전략을 (⑤)이라 한다.

① 판매촉진 전략(promotion) ② 유통경로 전략(place)
③ 시장차별화(positioning) ④ 표적시장 설정(targeting)
⑤ 시장세분화(Segmentation)

03 부동산마케팅 전략에 관한 설명으로 옳은 것은? 2019 · 2025년 감정평가사

① 시장점유마케팅 전략은 AIDA원리에 기반을 두면서 소비자의 욕구를 파악하여 마케팅 효과를 극대화하는 전략이다.
② 고객점유마케팅 전략은 공급자 중심의 마케팅 전략으로 표적시장을 선정하거나 틈새시장을 점유하는 전략이다.
③ 관계마케팅 전략은 생산자와 소비자의 지속적인 관계를 통해서 마케팅 효과를 도모하는 전략이다.
④ STP 전략은 시장세분화(Segmentation), 표적시장 선정(Targeting), 판매촉진(Promotion)으로 구성된다.
⑤ AIDA 원리는 고객의 구매의사 결정단계를 심리적 발전단계에 맞춘 것으로 행동(Action), 관심(Interest), 욕망(Desire), 주목(Attention)의 순서를 거친다.

🏠 문제풀이 TIP

1. 부동산마케팅의 세 가지 차원
   (1) **시장점유마케팅(공급자)**: 표적**시장**을 선점하거나 틈새**시장**을 점유하는 마케팅(STP **전략**, 4P MIX **전략**) 🔆 암기법: 공시, 포피 스톱
      ① STP 전략: 시장**세분화**(Segmentation, 수요자), **표적시장의 선정**(Target), **차별화**(Positioning, 공급상품) 🔆 암기법: 세표차
      ② 4P Mix 전략: **제품**(Product), **판매촉진**(Promotion), **가격**(Price), **유통경로**(Place)의 제 측면에서 차별화를 도모하는 전략 🔆 암기법: 제판가유
   (2) **고객점유마케팅(수요자)**: **소비자의 구매의사결정의 각 단계**에서 소비자와 심리적 접점을 마련하고, 전달되는 메시지의 톤과 강도를 조절하여 마케팅 효과를 극대화(AIDA전략)
      🔆 암기법: 수고, 고객은 아이다
   (3) 관계마케팅(수요·공급자): 생산자와 소비자 간의 1회성 거래를 전제로 한 종래의 마케팅이론에 대한 반성으로 양자 간의 지속적·우호적 관계 유지를 주축으로 하는 마케팅(Brand 마케팅)

2. 마케팅 믹스(4P MIX)
   (1) 유통경로(공급장소 믹스, Place): **현입주자, 직접분양, 분양대행사, 금융기관, 중개업소**
   (2) 상품계획(상품 및 서비스믹스, Products): **단지 내 자연 친화적인 공간설치, 거주자 라이프스타일을 반영한 평면설계, 보안설비의 디지털화, 지상주차장의 지하화**
   (3) 가격전략(가격믹스, Price)

   > ① **시가정책**: 경쟁업자와 **동일한 가격으로** 책정
   > ② **저가정책**: 다수고객확보, 지역구매자의 **구매력**↓
   > ③ **고가정책**: 제품차별성, 우수한 고객 파악
   > ④ **신축가격정책**: 동일한 자재와 시공, **다른 가격**
   > ⑤ **적응가격정책**: 동일·유사 제품, 다양한 수요자 구매 유입, 구매량 확대, **가격을 다르게 판매**

   (4) **판매촉진**(판매촉진 및 커뮤니케이션 전략, Promotion): 홍보, 광고, 인적판매, **경품제공**

3. STP 전략
   (1) 시장세분화(Segmentation): **수요자 집단**을 인구, 경제학적 특성상 **세분**하여 상품의 판매지향점을 분명히 하는 전략
   (2) 표적시장 선정(Target): **세분화된 시장**에서 자신의 상품과 일치되는 **수요집단을 확인**하거나 **선정된 표적집단에서 신상품을 기획**하는 것
   (3) **차별화 전략**(Positioning): **동일한 표적시장**을 갖는 다양한 **공급경쟁자** 사이에서 **자신의 상품을 어디에 위치**시킬 것인가 하는 전략(시장차별화), 공급제품에 따라 시장을 구분하는 것

   ▶ 1. ³²회 기출지문 바이럴 마케팅(viral marketing) 전략은 SNS, 블로그 등 다양한 매체를 통해 해당 브랜드나 제품에 대해 **입소문**을 내게 하여 마케팅 효과를 극대화시키는 것이다.
   2. 세분시장은 개념적으로 구분될 수 있으며 마케팅 믹스 요소에 대해 동일하게 반응한다. (×)
   감정평가사 34회
   ⇨ 세분시장은 개념적으로 구분될 수 있으며 마케팅 믹스 요소에 대해 다르게 반응한다.

Chapter 08 감정평가론

테마 87 감정평가의 분류

01 부동산 감정평가에 대한 설명으로 가장 옳은 것은?
① 1개의 대상물건이라도 가치를 달리하는 부분이 있는 경우에는 부분평가한다.
② 구분평가란 일체로 이용하고 있는 물건의 일부만을 평가하는 경우를 말한다.
③ 시장가치란 한정된 시장에서 성립될 가능성이 있는 대상물건의 최고가액을 말한다.
④ 감정평가법인등은 감정평가 의뢰인이 요청하는 경우에는 대상물건의 감정평가액을 시장가치 외의 가치를 기준으로 결정할 수 있다.
⑤ 감정평가는 기준시점에서의 대상물건의 이용상황(불법적·일시적인 이용도 포함) 및 공법상 제한을 받는 상태를 기준으로 한다.

🏠 문제풀이 TIP

1. 시장가치 기준 원칙(「감정평가 규칙」 제5조)
   (1) 시장가치: 대상물건이 통상적인 시장에서 충분한 기간 거래를 위하여 공개된 후 그 대상물건의 내용에 정통한 당사자 사이에 신중하고 자발적인 거래가 있을 경우 성립될 가능성이 가장 높다고 인정되는 대상물건의 가액
   감정평가법인등은 시장가치 외의 가치를 기준으로 감정평가할 때에는 해당 시장가치 외의 가치의 성격과 특징, 시장가치 외의 가치를 기준으로 하는 감정평가의 합리성 및 적법성을 검토해야 한다.
   (2) 시장가치 외의 가치: ① 법령에 다른 기준 ② 의뢰인이 요청 ③ 사회통념상 필요
2. 현황 기준 원칙(「감정평가 규칙」 제6조)
   (1) 현황평가: 감정평가는 기준시점에서의 대상물건의 이용상황(불법적이거나 일시적인 이용은 제외한다) 및 공법상 제한을 받는 상태를 기준으로 한다.
   감정평가법인등은 감정평가조건을 붙일 때에는 감정평가조건의 합리성, 적법성 및 실현가능성을 검토하여야 한다.
   (2) 조건평가: ① 법령에 다른 기준 ② 의뢰인이 요청 ③ 사회통념상 필요한 경우 조건을 붙여 감정평가할 수 있다.
3. 개별물건 기준 원칙(「감정평가 규칙」 제7조)
   (1) 개별평가(2 ⇨ 2): 감정평가는 대상물건마다 개별로 하여야 한다.
   (2) 일괄평가(2 ⇨ 1): 둘 이상의 부동산 일체로 거래, 용도상 불가분
   (3) (가치)구분평가(1 ⇨ 2): 하나의 부동산이라도 가치를 달리하는 부분
   (4) 부분평가(1 ⇨ $\frac{1}{2}$): 대상토지의 일부분에 대해 특수한 목적, 합리적 이유

테마 88   가치와 가격

01 부동산의 가치와 가격에 관한 설명으로 옳지 않은 것은? 2018년 감정평가사
① 일정시점에서 부동산가격은 하나밖에 없지만, 부동산가치는 여러 개 있을 수 있다.
② 부동산가격은 장기적 고려하에서 형성된다.
③ 부동산의 가격과 가치 간에는 오차가 있을 수 있으며, 이는 감정평가 필요성의 근거가 된다.
④ 부동산가격은 시장경제에서 자원배분의 기능을 수행한다.
⑤ 부동산가치는 부동산의 소유에서 비롯되는 현재의 편익을 미래가치로 환원한 값이다.

02 부동산가치에 대한 설명으로 가장 옳은 것은?
① 가격발생요인인 효용, 유효수요, 상대적 희소성 중 하나만 있어도 가격이 발생한다.
② 가치발생요인에는 일반요인, 지역요인, 개별요인이 있으며, 일반요인에는 다시 사회적 요인, 경제적 요인, 행정적 요인 등이 있다.
③ 유효수요란 대상부동산을 구매하고자 하는 욕구로, 지불능력(구매력)을 필요로 하는 것은 아니다.
④ 두 가지 이상의 권리가 동일부동산에 있을 때에는 그 각각의 권리에 가격을 정할 수 있다.
⑤ 부동산가치의 발생요인이 부동산가치의 형성요인에 영향을 주고 부동산의 가치가 형성된다.

03 부동산가치의 발생요인에 관한 설명으로 옳지 않은 것은? 2020년 감정평가사
① 유효수요는 구입의사와 지불능력을 가지고 있는 수요이다.
② 효용(유용성)은 인간의 필요나 욕구를 만족시킬 수 있는 재화의 능력이다.
③ 효용(유용성)은 부동산의 용도에 따라 주거지는 쾌적성, 상업지는 수익성, 공업지는 생산성으로 표현할 수 있다.
④ 부동산은 용도적 관점에서 대체성이 인정되고 있기 때문에 절대적 희소성이 아닌 상대적 희소성을 가지고 있다.
⑤ 이전성은 법률적인 측면이 아닌 경제적인 측면에서의 가치발생요인이다.

🏠 문제풀이 TIP

1. 가치와 가격

가치(value)	가격(price)
장래이익의 현재가치	시장에서 **지불된** 값
현재값, 주관·추상적, 多	과거값, 객관·구체적, 하나

🌼 암기법: '가치있던 여자? 추현주다'

- 가격(P): 실제 거래된 금액 - 오늘 10억원에 거래됨
  ⇨ 가격은 10억원
- 가치(V): 장래 예상편익(금전 + 비금전)의 현재가치
  ⇨ 가치는 12억원

구 분	개 념	시 점	성 향	종 류
가 격	구체적	과거값	객관적	하나
가 치	추상적	현재값	주관적	다양

- **단기**: 가격 ≠ 가치(**괴리**)
- **장기**: 가격은 가치로 회귀한다. (일치)

2. 부동산가치의 형성과정: 가치**형성**요인 ⇨ 가치**발생**요인 ⇨ **가치**   🌼 암기법: **형발**

3. 부동산가치의 **형성**요인: 일반요인(사·경·행), **지역**요인, 개별요인
   ⇨ 사회적 요인(**관행**), 경제적 요인(**세부담, 기술혁신·산업구조**), 행정적 요인(**세제**)

   > 가치형성요인이란 대상물건의 **경제적** 가치에 영향을 미치는 **일반요인, 지역요인** 및 **개별요인**을 말한다(감정평가에 관한 규칙 제2조 제4호).

4. 부동산가치의 **발생**요인: 유용성(효용), 유효수요, 희소성, 이전성 - **동시충족**

5. 부동산가격의 특징
   (1) 교환의 대가 **가격**(원본), 용익의 대가 **임대료**(과실)
   (2) 소유권·권리·이익 가격, 동일부동산 - 多권리, 多가격 형성 **가능**
   (3) 장기적 배려, 항상 변동 - **기준시점, 시점수정**, 특수한 사정개입 - **사정보정**

테마 89 | 기준시점

01 감정평가의 기준이 되는 원칙적인 기준시점은 언제인가?

㉠ 법원은 경매개시결정(2024년 7월 4일)이 된 甲소유의 A물건에 대하여 □□감정평가사사무소 △△△감정평가사에게 감정평가 의뢰(2024년 10월 24일)
㉡ A물건 현장 조사 완료(2024년 10월 25일)
㉢ A물건 가격 조사 완료(2024년 10월 26일)
㉣ 감정평가사 △△△이(가) 보고서 작성(2024년 11월 1일)

① 2024년 7월 4일
② 2024년 10월 24일
③ 2024년 10월 25일
④ 2024년 10월 26일
⑤ 2024년 11월 01일

02 기준시점에 관한 다음 설명 중 가장 옳은 것은?
① 기준시점의 중요성을 설명하는 부동산가격 원칙은 균형의 원칙이다.
② 기준시점은 원칙적으로 대상부동산의 감정평가서 작성을 완료한 일자로 한다.
③ 기준시점이 미리 정하여진 때에는 가격조사가 불가능한 경우에도 그 일자를 기준시점으로 정할 수 있다.
④ 기준시점과 평가시점이 항상 일치한다.
⑤ 기준시점은 감정가액의 기준이 되는 시점으로 감정평가서의 필수적 기재사항이다.

🔔 문제풀이 TIP
1. 기준시점: 감정평가의 **기준**이 되는 시점, **필수적** 기재사항, **변동**의 원칙
2. 기준시점은 대상물건의 **가격조사를 완료한 날짜**로 한다. 다만, 기준시점을 미리 정하였을 때에는 그 날짜에 **가격조사가 가능한 경우에만** 기준시점으로 할 수 있다.
   ✿ 암기법: 가조완날

테마 90　부동산가격의 제원칙

01 부동산가치의 제원칙에 관한 설명으로 옳게 연결된 것은?
① 내부구성요소 간의 결합이 적합 – 적합의 원칙
② 초과설비, 과소설비의 판단 – 균형의 원칙
③ 표준적 이용상태 파악, 경제적 감가 – 기여의 원칙
④ 토지잔여법, 수익분석법 – 수익체증·체감의 원칙
⑤ 비슷한 두 재화 비교, 감정평가 3방식 모두에 적용 – 수요공급의 원칙

02 부동산의 감정평가 원리에 관한 설명이다. 가장 옳은 것은?
① 부지와 건물의 적응상태를 분석하는 것은 적합의 원칙이다.
② 부동산과 주변 환경과의 적응상태를 분석하는 것은 균형의 원칙이다.
③ 대체의 원칙에 의하면 효용이 유사한 토지의 시장가치가 m^2당 50만원이면 대상토지의 가치도 m^2당 50만원 정도에서 형성된다.
④ 균형의 원칙은 대상건물 내에 화장실이 부족하여 경제적 감가를 하는 근거가 된다.
⑤ 수익배분의 원칙은 대상부동산의 입체적 이용이나 건물의 고층화 과정에서 추가 투자 여부를 판단한다.

03 다음 부동산의 가치원칙에 관한 내용 중 가장 옳은 것은?

> ㉠ 기여의 원칙과 (①)은 추가투자의 적부판단에 널리 쓰이는 가치원칙이다.
> ㉡ 부동산 고유의 가치원칙은 최유효이용의 원칙과 (②)이다.
> ㉢ 기여의 원칙에서는 부동산의 가치는 각 구성부분의 (③)의 합이다.
> ㉣ 부동산의 가치는 장래의 쾌적성이나 수익성에 영향을 미친다는 것은 (④)이다.
> ㉤ 도심지역의 공업용지가 동일한 효용을 가지고 있는 외곽지역의 공업용지보다 시장가격이 더 높은 현상은 (⑤)에 의해서 설명 가능하다.

① 수익배분의 원칙　　　　② 균형의 원칙
③ 생산비　　　　　　　　④ 변동
⑤ 기회비용의 원칙

🏠 문제풀이 TIP

1. **가격제원칙**(감정평가활동의 매뉴얼 − 감칙에는 규정이 없음)
   부동산 가치형성의 **법칙성**을 발견하여 이를 감정평가활동의 **지침**으로 삼은 것

① (내부)균형(대문 안)	**내부구성요소** + 설계와 설비 + 건물과 부지 + **기능적 감가, 개별분석의 기준**
② (외부) 적합(대문 밖) −고유	**외부환경** + 다른 부동산과 + **경제적 감가, 지역분석의 기준** 🌟 암기법 : 외적
③ 변동	가치형성요인 **변동** ⇨ 부동산 가격 **변동** ⇨ **기준**시점 확정
④ 대체	대체성이 있는 2개의 재화의 가격은 서로 연관된다는 원칙 부동산은 대체가능 ⇨ 유사부동산은 비슷한 가격, **비슷한 두 재화(대체재) 비교, 거래사례비교법의 토대**
⑤ 예측	부동산가치는 **장래**편익의 현재가치 ⇨ 예측 ⇨ 수익방식
⑥ 기여	**기여도의 합**(생산비의 합 ×), **추가투자**의 적부판정
⑦ 기회비용	차선책(기회비용)의 가격반영 + 도심공업지가 외곽보다 비쌈 **도심지역의 공업용지가 동일한 효용을 가지고 있는 외곽지역의 공업용지보다 시장가격이 더 높은** 현상은 **기회비용의 원칙**에 의해서 설명 가능하다.
⑧ 수요공급	부동산가격은 시장에서 **수요와 공급**에 의해 결정
⑨ 경쟁	초과이윤은 **경쟁**을 야기하고, **경쟁**은 초과이윤을 소멸
⑩ 외부성−고유	부동산에는 **외부효과** 발생
⑪ 수익체증체감	**추가투자** 판단 + 수익은 **체증**하다가 **체감**
⑫ 수익배분	**토지잔여법**, 수익분석법 관련
⑬ 최유효이용−고유	합리성 + 합법성 + 물리적 채택가능성 + 최대의 생산성

2. 부동산의 가격이 외부(내부 ×)적 요인에 의하여 긍정적 또는 부정적 영향을 받아 형성되는 것은 적합의 원칙에 해당된다. 감정평가사 35회

테마 91 지역분석과 개별분석

01 다음은 지역분석과 개별분석에 관한 설명이다. 옳은 것은?
① 지역분석은 개별분석에 후행한다.
② 지역분석에서는 개별분석에서 파악된 자료를 근거로 대상부동산의 최유효이용을 판단한다.
③ 지역분석에서는 인근지역뿐만 아니라 유사지역까지 분석함으로써, 대상부동산의 구체적인 가격을 산정한다.
④ 인근지역의 범위가 지나치게 확대되면 가격수준 판정이 어렵고, 범위가 너무 축소되면 사례자료를 구하기 어렵다.
⑤ 인근지역은 대상부동산이 속하지 않은 지역이다.

02 지역분석과 개별분석에 관한 설명으로 옳은 것은? 2019년 감정평가사
① 지역분석은 일반적으로 개별분석에 선행하여 행하는 것으로 그 지역 내의 최유효이용을 판정하는 것이다.
② 인근지역이란 대상부동산이 속한 지역으로 부동산의 이용이 동질적이고 가치형성요인 중 개별요인을 공유하는 지역이다.
③ 유사지역이란 대상부동산이 속하지 아니하는 지역으로서 인근지역과 유사한 특성을 갖는 지역이다.
④ 개별분석이란 지역분석의 결과로 얻어진 정보를 기준으로 대상부동산의 가격을 표준화·일반화시키는 작업을 말한다.
⑤ 지역분석시에는 균형의 원칙에, 개별분석시에는 적합의 원칙에 더 유의하여야 한다.

🏠 문제풀이 TIP

1. 지역분석 및 개별분석 - **선 지 표 | 후 개 최**
   ✪ 암기법 : 지역분석(표적수 경부선), 거지, 미개

지역분석(거시분석)	개별분석(미시분석)
표준적이용 판정	최유효이용 판정
적합의 원칙	균형의 원칙
가격수준 판정	구체적 가격 판정
경제적 감가	기능적 감가
부동성	개별성
선행분석	후행분석

2. 지역분석: 최유효이용의 **기준설정에 도움**, 개별분석: 최유효이용의 **판정**
3. 사례를 **인근지역**에서 구한 경우 **지역요인비교 생략 可**(**지역분석은 반드시 실시**)
4. 동일수급권: 인근지역과 유사지역 포함, 가치형성에 서로 <u>**영향을 미치는**</u> 관계에 있는 다른 부동산이 존재하는 권역 감정평가사 35회

테마 92 감정평가의 절차 및 기본적 사항의 확정

01 「감정평가에 관한 규칙」 제8조에 규정된 감정평가의 절차로 옳게 연결된 것은?

① 기본적 사항의 확정 ⇨ 처리계획 수립 ⇨ 대상물건 확인 ⇨ 자료수집 및 정리 ⇨ 자료검토 및 가치형성요인의 분석 ⇨ 감정평가방법의 선정 및 적용 ⇨ 감정평가액의 결정 및 표시

② 기본적 사항의 확정 ⇨ 처리계획 수립 ⇨ 대상물건 확인 ⇨ 자료수집 및 정리 ⇨ 자료검토 및 가치형성요인의 분석 ⇨ 감정평가액의 결정 및 표시 ⇨ 감정평가방법의 선정 및 적용

③ 처리계획 수립 ⇨ 기본적 사항의 확정 ⇨ 대상물건 확인 ⇨ 자료수집 및 정리 ⇨ 자료검토 및 가치형성요인의 분석 ⇨ 감정평가방법의 선정 및 적용 ⇨ 감정평가액의 결정 및 표시

④ 처리계획 수립 ⇨ 기본적 사항의 확정 ⇨ 자료수집 및 정리 ⇨ 대상물건 확인 ⇨ 자료검토 및 가치

⑤ 대상물건 확인 ⇨ 기본적 사항의 확정 ⇨ 처리계획 수립 ⇨ 자료수집 및 정리 ⇨ 자료검토 및 가치형성요인의 분석 ⇨ 감정평가방법의 선정 및 적용 ⇨ 감정평가액의 결정 및 표시

02 「감정평가에 관한 규칙」 제8조에 규정된 감정평가의 절차에 해당하지 않는 것은? 제27회

① 감정평가 의뢰
② 처리계획 수립
③ 대상물건 확인
④ 감정평가방법의 선정 및 적용
⑤ 감정평가액의 결정 및 표시

03 「감정평가에 관한 규칙」 제9조의 기본적 사항의 확정에 포함될 사항으로 틀린 것은?

① 의뢰인, 대상물건
② 감정평가 목적, 감정평가 조건
③ 기준시점, 기준가치
④ 관련 전문가에 대한 자문 또는 용역에 관한 사항, 수수료 및 실비에 관한 사항
⑤ 실지조사 여부, 공시지가

🏠 문제풀이 TIP

1. 감정평가의 절차(「감정평가 규칙」 제8조)

   ☆ 암기법 : 기계학자형방가 (감정평가의 의뢰 ×)

   감정평가법인등은 다음 각 호의 순서에 따라 감정평가를 하여야 한다. 다만, 합리적이고 능률적인 감정평가를 위하여 필요할 때에는 순서를 조정할 수 있다.

01	기본사항 확정	대상물건, 기준시점, 기준가치를 확정한다.
02	처리계획 수립	실지조사를 하여 대상물건을 확인하여야 한다.
03	대상물건 확인	객관적이고 신뢰할 수 있는 자료가 있으면 생략 가능
04	자료수집, 정리	자료는 확인자료, 요인자료, 사례자료, 참고자료로 구분한다.
05	형성요인분석	일반적 요인, 지역요인, 개별요인의 분석
06	감정평가방법 선정과 적용	① 가액 : 원가법, 수익환원법, 거래사례비교법, 공시지가기준법 ② 임료 : 적산법, 수익분석법, 임대사례비교법
07	감정평가액의 결정 및 표시	① 물건별 주방식 적용 : 토지는 공시지가기준법 또는 실거래가, 건물은 원가법, 복합부동산은 거래사례비교법 ② 시산가액 조정 ⇨ 가중평균해서 최종가액 결정

2. 기본사항의 확정(「감정평가 규칙」 제9조)

   ☆ 암기법 : 의대생 감기감기 자수 (공시지가, 실지조사여부 ×)

   (1) 의뢰인 (2) 대상물건 (3) 감정평가 목적 (4) 기준시점 (5) 감정평가 조건 (6) 기준가치 (7) 관련 전문가에 대한 자문 등에 관한 사항 (8) 수수료 및 실비에 관한 사항

3. 기준시점 : 감정평가액을 결정하는 기준이 되는 날짜

   기준시점은 대상물건의 가격조사를 완료한 날짜로 한다. 다만, 기준시점을 미리 정하였을 때에는 그 날짜에 가격조사가 가능한 경우에만 기준시점으로 할 수 있다.

테마 93 | 물건별 감정평가

01 감정평가에 관한 규칙상 대상물건별 주된 감정평가방법으로 옳지 않은 것은? 2018년 감정평가사
① 임대료 - 임대사례비교법
② 자동차 - 거래사례비교법
③ 비상장채권 - 수익환원법
④ 건설기계 - 원가법
⑤ 과수원 - 공시지가기준법

02 감정평가에 관한 규칙상 주된 감정평가방법 중 거래사례비교법을 적용하는 것은? 2020년 감정평가사

㉠ 토지	㉡ 건물
㉢ 토지와 건물의 일괄	㉣ 임대료
㉤ 광업재단	㉥ 과수원
㉦ 자동차	

① ㉠, ㉡, ㉥
② ㉠, ㉤, ㉦
③ ㉡, ㉤, ㉦
④ ㉢, ㉣, ㉤
⑤ ㉢, ㉥, ㉦

03 감정평가에 관한 규칙에서 규정하고 있는 내용으로 옳지 않은 것은? 2022년 감정평가사
① 기업가치의 주된 평가방법은 수익환원법이다.
② 적정한 실거래가는 감정평가의 기준으로 적용하기에 적정하다고 판단되는 거래가격으로서, 거래시점이 도시지역은 5년 이내, 그 밖의 지역은 3년 이내인 거래가격을 말한다.
③ 시산가액 조정시, 공시지가기준법과 그 밖의 비교방식에 속한 감정평가방법은 서로 다른 감정평가방식에 속한 것으로 본다.
④ 필요한 경우 관련 전문가에 대한 자문 등을 거쳐 감정평가할 수 있다.
⑤ 항공기의 주된 평가방법은 원가법이며, 본래 용도의 효용가치가 없는 물건은 해체처분가액으로 감정평가할 수 있다.

🔔 문제풀이 TIP

1. 원가법 : 상각자산(건물, 건설기계, 항공기, 선박), 조성지·매립지, 비시장성·비수익성 물건, **소경목림**
2. 거래사례비교법 : **산림, 과수원, 자동차, 동산, 일괄평가**(3)
3. 수익환원법 : **~권, 광업권, 어업권, 영업권**
4. 산림 : 산지와 입목 **구분평가, 입목은 거래사례비교법, 소경목림은 원가법, 일괄평가는 거래사례비교법**
5. 임대료 : **임대사례비교법**
6. 토지 : **토지를 감정평가할 때에 공시지가기준법을 적용하여야 한다.** 즉, 감정평가법인등은 토지를 감정평가하는 경우에는 그 토지와 이용가치가 비슷하다고 인정되는 「부동산 가격공시에 관한 법률」에 따른 표준지공시지가를 기준으로 하여야 한다. 다만, 적정한 실거래가가 있는 경우에는 이를 기준으로 할 수 있다. 감정평가법인등은 **적정한 실거래가를 기준으로 토지를 감정평가할 때에는 거래사례비교법을 적용하여야 한다.** 단, 해당 토지의 **임대료, 조성비용 등을 고려하여 감정평가할 수 있다.**
7. **적정한 실거래가**란 부동산 거래신고에 관한 법률에 따라 신고된 실제 거래가격으로서 거래 시점이 도시지역은 **3년 이내**, 그 밖의 지역은 **5년 이내**인 거래가격 중에서 감정평가법인등은 인근지역의 지가수준 등을 고려하여 감정평가의 기준으로 적용하기에 적정하다고 판단하는 거래가격을 말한다.
8. 감정평가법인등은 **소음·진동·일조침해** 또는 환경오염 등으로 대상물건에 직접적 또는 간접적인 피해가 발생하여 대상물건의 가치가 하락한 경우 그 가치하락분을 감정평가할 때에 소음 등이 발생하기 전의 대상물건의 가액 및 **원상회복비용 등을 고려하여야** 한다.
   🔔 **암기법** : 일,진,소는 고려한다.
9. 감정평가법인등은 감정평가를 할 때에는 **실지조사를 하여 대상물건을 확인**하여야 한다. 단, 실지조사를 하지 아니하고도 **객관적이고 신뢰할 수 있는 자료를 충분히 확보**할 수 있는 경우에는 **실지조사를 하지 아니할 수 있다.**
10. 감정평가법인등은 필요한 경우 관련 **전문가에 대한 자문 등을 거쳐 감정평가할 수 있다.**
11. 선박 평가시 본래 용도의 효용가치가 있으면 선체·기관·의장(艤裝)별로 구분한 후 각각 원가법을 적용해야 한다.

☑ 물건별 감정평가방법

원가법	거래사례비교법	수익환원법
① 건물	① 토지와 건물의 일괄평가	① 무형자산 : **영업권, ~권**
② 소경목림	② 산지와 입목을 일괄평가	② **광업재단** : 광업권 + 광물채굴 설비 등
③ 항공기	③ 입목	③ **공장재단**(합산, 계속수익예상 일괄)
④ 선박	④ 과수원 : 토지 + 과수원	④ 비상장**채권**
⑤ 건설기계	⑤ 자동차 ⑥ 동산	⑤ **기업가치**
🔔 암기법 : 건물사서 성공하는게 소원	⑦ 상장주식 ⑧ 상장채권	🔔 암기법 : 영광공기업채
	🔔 암기법 : 맛동산 과자 일괄 입목(사례) 상장	

제21조 【동산의 감정평가】 **동산**을 감정평가할 때에는 **거래사례비교법**을 적용해야 한다. 다만, **본래 용도의 효용가치가 없는 물건**은 **해체처분가액**으로 감정평가할 수 있다.
② 제1항 본문에도 불구하고 **기계·기구류를 감정평가할 때에는 원가법을 적용**해야 한다.

04 감정평가에 관한 규칙상 '적정한 실거래가'에 관한 설명으로 옳은 것은? 감정평가사 36회

① 도시지역의 경우, 거래시점이 4년 이내의 것이어야 한다.
② 도시지역이 아닌 경우, 거래시점이 6년 이내의 것이어야 한다.
③ 적정한 실거래가의 기준이 되는 도시지역에 계획관리지역이 포함된다.
④ 「부동산 거래신고 등에 관한 법률」에 따라 신고된 실제 거래가격이어야 한다.
⑤ 실거래가는 인근지역 지가수준과의 차이와 관계없이 적정한 실거래가로 인정되어야 한다.

📌 **문제풀이 TIP**

① 도시지역의 경우, 거래시점이 3년 이내의 것이어야 한다.
② 도시지역이 아닌 경우, 거래시점이 5년 이내의 것이어야 한다.
③ 도시지역에는 주거지역, 상업지역, 공업지역, 녹지지역이 포함된다. 관리지역에 보전관리지역, 생산관리지역, 계획관리지역이 포함된다.
⑤ 인근지역의 지가수준 등을 고려하여 감정평가의 기준으로 적용하기에 적정하다고 판단하는 거래가격을 말한다.

테마 94 시산가액의 조정

01 감정평가에 관한 규칙상 시산가액 조정에 관한 설명으로 옳지 않은 것은?

① 평가대상물건별로 정한 감정평가방법을 적용하여 산정한 가액을 시산가액이라 한다.
② 시산가액 조정은 각 시산가액을 산술평균하는 방법만 인정된다.
③ 시산가액 조정시 공시지가기준법과 거래사례비교법은 다른 감정평가방식으로 본다.
④ 대상물건의 특성 등으로 인하여 다른 감정평가방법을 적용하는 것이 곤란하거나 불필요한 경우에는 시산가액 조정을 생략할 수 있다.
⑤ 산출한 시산가액의 합리성이 없다고 판단되는 경우에는 주된 방법 및 다른 감정평가방법으로 산출한 시산가액을 조정하여 감정평가액을 결정할 수 있다.

02 다음 자료를 활용하여 시산가액 조정을 통해 구한 감정평가액은? 27회

> ㉠ 임대료를 통해 구한 시산가액(가치) : 3.0억원
> ㉡ 조성비용을 통해 구한 시산가액(가치) : 3.3억원
> ㉢ 거래사례를 통해 구한 시산가액(가치) : 3.2억원
> ㉣ 시산가액 조정 방법 : 가중치를 부여하는 방법
> ㉤ 가중치 : 원가방식 20%, 비교방식 50%, 수익방식 30%를 적용함

① 3.09억원   ② 3.16억원   ③ 3.21억원
④ 3.26억원   ⑤ 3.13억원

계산기 300,000,000×30% 330,000,000×20% 320,000,000×50% GT

🏠 **문제풀이 TIP**

1. 시산가액 : 최종평가액 전(前) 중간과정, 시장가격의 조정(가중평균) ⇨ 최종평가액
2. (1) 원가방식 : 적산가액(조성비용) (2) 비교방식 : 비준가액(거래사례) (3) 수익방식 : 수익가액(임대료)

---

03 다음은 토지와 건물로 구성된 대상부동산을 감정평가하기 위하여 수집한 자료이다. 유사한 성격의 자료만으로 묶인 것은? 감정평가사 36회

> ㉠ 환지예정지증명원   ㉡ 건축물대장
> ㉢ 설계도서   ㉣ 임대사례
> ㉤ 감정평가선례   ㉥ 건설·조성사례
> ㉦ 실거래사례   ㉧ 지역개황자료

① ㉠, ㉡, ㉢, ㉧   ② ㉠, ㉢, ㉣, ㉥
③ ㉡, ㉢, ㉤, ㉥   ④ ㉣, ㉤, ㉥, ㉦
⑤ ㉤, ㉥, ㉦, ㉧

🏠 **문제풀이 TIP**

④ ㉣, ㉤, ㉥, ㉦ 모두 사례자료에 해당한다.

☑ **자료**

1. 확인자료 : 등기부등본, 지적공부(토지대장, 임야대장, 지적도, 임야도, 수치지적부), 토지 또는 건물 도면, 매매계약서
2. 요인자료 : 일반요인자료, 지역요인자료, 개별요인자료
3. 사례자료 : 거래사례, 임대사례, 수익사례, 감정평가선례, 실거래사례, 거래희망가액

테마 95 | 감정평가에 관한 규칙

01 감정평가에 관한 규칙상 용어의 정의로 옳은 것은?

① 적산법이란 대상물건의 재조달원가에 감가수정을 하여 대상물건의 가액을 산정하는 감정평가방법을 말한다.
② 수익분석법이란 대상물건이 장래 산출할 것으로 기대되는 순수익이나 미래의 현금흐름을 환원하거나 할인하여 대상물건의 가액을 산정하는 감정평가방법을 말한다.
③ 공시지가기준법이란 대상토지와 가치형성요인이 같거나 비슷하여 유사한 이용가치를 지닌다고 인정되는 비교표준지의 공시지가를 기준으로 대상토지의 현황에 맞게 사정보정, 시점수정, 지역요인 및 개별요인 비교, 그 밖의 요인의 보정을 거쳐 대상토지의 가액을 산정하는 감정평가방법을 말한다.
④ 거래사례비교법이란 대상물건과 가치형성요인이 같거나 비슷한 물건의 거래사례와 비교하여 대상물건의 현황에 맞게 사정보정, 시점수정, 가치형성요인 비교 등의 과정을 거쳐 대상물건의 가액을 산정하는 감정평가방법을 말한다.
⑤ 감가수정이란 대상물건에 대한 재조달원가를 감액하여야 할 요인이 있는 경우에 물리적 감가, 기능적 감가 또는 경제적 감가 등을 고려하여 그에 해당하는 금액을 재조달원가에서 가산하여 기준시점에 있어서의 대상물건의 가액을 적정화하는 작업을 말한다.

02 다음은 임대료 감정평가방법의 종류와 산식이다. (   )에 들어갈 내용으로 옳은 것은?

- 적산법 : (㉠) = (㉡) × 기대이율 + 필요제경비
- 임대사례비교법 : (㉢) = 임대사례의 임대료 × 사정보정치 × 시점수정치 × 지역요인비교치 × 개별요인비교치
- (㉣) : 수익임료 = 순수익 + 필요제경비

	㉠	㉡	㉢	㉣
①	적산임료	기초가액	비준임료	수익분석법
②	적산임료	기초가액	비준임료	수익환원법
③	비준임료	기초가액	적산임료	수익분석법
④	비준임료	시장가치	적산임료	수익환원법
⑤	적산임료	시장가치	비준임료	수익분석법

03 감정평가에 관한 규칙상 원가방식에 관한 설명으로 옳지 않은 것은? 2022년 감정평가사

① 원가법과 적산법은 원가방식에 속한다.
② 적산법에 의한 임대료 평가에서는 대상물건의 재조달원가에 기대이율을 곱하여 산정된 기대수익에 대상물건을 계속하여 임대하는 데에 필요한 경비를 더한다.
③ 원가방식을 적용한 감정평가서에는 부득이한 경우를 제외하고는 재조달원가 산정 및 감가수정 등의 내용이 포함되어야 한다.
④ 입목 평가시 소경목림(小經木林)인 경우에는 원가법을 적용할 수 있다.
⑤ 선박 평가시 본래 용도의 효용가치가 있으면 선체·기관·의장(艤裝)별로 구분한 후 각각 원가법을 적용해야 한다.

📖 문제풀이 TIP

1. 원가법 : 재조달원가에 감가수정을 하여 가액을 산정
2. 적산법 : 기초가액에 기대이율을 곱하여, 필요한 경비를 더하여 임대료를 산정
3. 거래사례비교법 : 거래사례와 비교, 사정보정, 시점수정, 가치형성요인 비교, 가액을 산정
4. 임대사례비교법 : 임대사례와 비교, 사정보정, 시점수정, 가치형성요인 비교, 임대료를 산정
5. 공시지가기준법 : 비교표준지의 공시지가를 기준, 시점수정, 지역요인 및 개별요인 비교, 그 밖의 요인의 보정, 가액을 산정
6. 수익환원법 : 장래 산출, 순수익이나 미래의 현금흐름, 환원하거나 할인, 가액을 산정
7. 수익분석법 : 순수익에 필요한 경비를 더하여 임대료를 산정
8. 감가수정 : 물리적 감가, 기능적 감가, 경제적 감가 등을 재조달원가에서 공제, 가액을 적정화

3방식	조건	7방법	시산가액	공식
원가방식 (비용성)	가액	원가법	적산가액	재조달원가 - 감가누계액
	임대료	적산법	적산임료	기초가액 × 기대이율 + 필요제경비
비교방식 (시장성)	가액	거래사례비교법	비준가액	거래사례 × 사정 × 시점 × 가치형성요인
	임대료	임대사례비교법	비준임료	임대사례 × 사정 × 시점 × 가치형성요인
	가액	공시지가기준법	토지가액	비교표준지 × 시점 × 지역 × 개별 × 그 밖
수익방식 (수익성)	가액	수익환원법	수익가액	순영업소득 / 환원이율
	임대료	수익분석법	수익임료	순수익 + 필요제경비

테마 96-1 | 재조달원가, 재조달원가 계산

01 원가법에서 사용하는 재조달원가에 관한 설명 중 옳은 것은?
① 재조달원가는 신축시점 현재 건축물을 신축하는 데 소요되는 투하비용을 말한다.
② 자가건설의 경우 재조달원가는 도급건설한 경우에 준하여 처리한다.
③ 대체원가를 이용하여 재조달원가를 산정할 경우 물리적 감가수정은 필요하지 않지만 기능적 감가수정 작업은 필요하다.
④ 재조달원가를 구성하는 표준적 건설비에는 수급인의 적정이윤이 포함되지 않는다.
⑤ 복제원가는 동일한 효용을 가진 건축물을 신축하는 데 소요되는 비용이다.

02 다음 건물의 m²당 재조달원가는?

- 20년 전 준공된 5층 건물(대지면적 500m², 연면적 1,450m²)
  ㉠ 준공 당시의 공사비 내역 직접공사비: 200,000,000원
  ㉡ 간접공사비: 30,000,000원
  ㉢ 개발업자 이윤: 70,000,000원
  ㉣ 통상의 부대비용: 100,000,000원
- 20년 전 건축비지수: 100, 기준시점 건축비지수: 145

① 250,000원 ② 300,000원 ③ 350,000원
④ 400,000원 ⑤ 450,000원

계산기 400,000,000 × 1.45 ÷ 1,450 =
　　　　　　곱　　나

🏠 **문제풀이 TIP**

1. 재조달원가: 기준시점, 신축비용
2. 복제원가 - 물리적 측면, 물·기·경 감가 | 대치원가 - 효용측면, 물·×·경 감가
3. 도급건설 기준: 건설비용(직.공, 간.공, 수급인 이윤) + 부대비용(이자, 감독비, 조세)
4. 직접법 + 간접법 | 총가격적산법, 부분별 단가적용법, 단위비교법, 변동률적용법
5. m²당 재조달원가: ① + ② 시점수정 ③ ÷ 연면적

테마 96-2 | 원가법 : 감가수정

01 원가법에 대한 설명 중 가장 틀린 것은?

① 감가수정방법에는 정액법, 정률법, 상환기금법, 관찰감가법, 분해법 등이 있다.
② 상환기금법은 감가수정의 방법 중 건물의 내용연수가 만료될 때의 감가누계상당액과 그에 대한 복리계산의 이자상당액분을 포함하여 당해 내용연수로 상환하는 방법이다.
③ 경제적 감가요인에는 인근지역의 쇠퇴, 설계의 불량, 설비의 부족 등이 있다.
④ 초기에 감가액의 크기는 통상 정률법 > 정액법 > 상환기금법 순으로 배열된다.
⑤ 관찰감가법은 감정평가사가 직접 관찰하여 감가액을 판정하므로 주관적이다.

02 원가방식에 관한 설명으로 옳은 것을 모두 고른 것은? 감정평가사 35회

> ㉠ 원가법과 적산법은 원가방식에 해당한다.
> ㉡ 재조달원가는 실제로 생산 또는 건설된 방법 여하에 불구하고 도급방식을 기준으로 산정한다.
> ㉢ 대상부동산이 가지는 물리적 특성인 지리적 위치의 고정성에 의해서 경제적 감가요인이 발생한다.
> ㉣ 정액법, 정률법, 상환기금법은 모두 내용연수를 기준으로 하는 감가수정방법에 해당한다.

① ㉠, ㉡   ② ㉢, ㉣   ③ ㉠, ㉡, ㉣
④ ㉠, ㉢, ㉣   ⑤ ㉠, ㉡, ㉢, ㉣

🔔 문제풀이 TIP

1. 감가수정방법 : 내용연수(률.액.기), 관찰감가, 분해, 시장추출, 임대료손실환원
2. 정률법 : 상각잔고에 상각률 적용, 상각률 불변, 상각액 체감
3. 초기 감가액 : 률 > 액 > 기 | 초기 평가액 : 률 < 액 < 기
4. 감가수정과 감가상각 비교
   - 감가수정(부동산평가) : 실제 가치감소분 반영
   - 감가상각(기업회계) : 발생비용의 형식적 기간배분

테마 96-3 원가법 : 적산가액 계산 28·29·31·34회

01 원가법에 의한 신축공사비 2억원, 준공시점 2018년 10월 31일, 기준시점 2020년 10월 31일, 공사비는 전년대비 5%씩 상승, 경제적 내용연수는 50년이며, 내용연수가 만료할 때 잔가율은 10%이다. 정액법을 적용한다.

(1) 재조달원가 대비 매년 감가액의 비율 【　　】 %
(2) 감가수정액? 【　　　　】 원
(3) 적산가액? 【　　　　】 원

● 문제풀이 TIP

1. 매년 감가율 = (100% − 10%) / 50년 = 1.8%
   재조달원가 = 2억원 × 1.05 × 1.05 = 220,500,000원

2. 감가수정액 : $\dfrac{220,500,000 - 10\%}{50년} \times 2 = 7,938,000원$

3. 적산가액 = 220,500,000원 − 7,938,000원 = 212,562,000원
   적산가액 = 재조달원가 − 감가누계(수정)액
   • 정액법 = 재조달원가 − 잔존가치 ÷ 내용연수 × 경과연수 − 재조달원가
   　　　　　⇨ 빼　　나　　곱　　빼
   [계산기] 200,000,000 × 1.05 × 1.05(메모) − 10% ÷ 50 × 2 − 220,500,000 =
   　　　　　⇨ 빼　　나　　곱　　빼

02 다음 자료를 활용하여 원가법으로 평가한 대상건물의 가액은? (단, 주어진 조건에 한함)

- 대상건물 현황 : 연와조, 단독주택, 연면적 $200m^2$
- 사용승인시점 : 2016.06.30
- 기준시점 : 2021.04.24
- 사용승인시점의 신축공사비 : 1,000,000원/m^2(신축공사비는 적정함)
- 건축비지수
  - 사용승인시점 : 100
  - 기준시점 : 110
- 경제적 내용연수 : 40년
- 감가수정방법 : 정액법(만년감가 기준)
- 내용연수 만료시 잔존가치 없음

① 175,000,000원　　② 180,000,000원
③ 192,500,000원　　④ 198,000,000원
⑤ 203,500,000원

🏠 문제풀이 TIP

적산가액(198,000,000원) = 재조달원가(220,000,000원) − 감가누계액(22,000,000원)

1. 재조달원가(220,000,000) = 1,000,000원 × 200m² × $\dfrac{\text{기준시점 지수(110)}}{\text{신축시점 지수(100)}}$

2. 매년감가액(5,500,000원) = $\dfrac{\text{감가총액(220,000,000)}}{\text{내용연수(40년)}}$

3. 감가누계액(22,000,000원) = 매년 감가액(5,500,000원) × 경과연수(4년) ⇨ 만년감가 기준이므로 경과연수는 4년(5년이 아님에 유의)
   - 정액법 = 재조달원가 − 잔존가치 ÷ 내용연수 × 경과연수 − 재조달원가
     ⇨ 빼   나   곱   빼

   계산기 1,000,000 × 200 × 1.1 ÷ 40 × 4 − 220,000,000 = −198,000,000원
     ⇨ 빼 나 곱 빼

🏠 문제풀이 TIP

1. 적산가액(정액법) = 재조달원가 − 감가누계액
   ① 재조달원가 ② − 잔존가치 ③ ÷ 내용연수 ④ × 경과연수 ⑤ − 재조달원가
        ⇨ 빼   나   곱   빼

2. 적산가액(정률법) = 재조달원가 × (전년대비 잔가율)^n ✿ 암기법: 재잔앤

테마 97 거래사례비교법 26·28·29·31·33·35회 공시지가기준법 30·32·34회 : 비준가액 계산, 토지가액 계산

01 거래사례비교법으로 산정한 토지의 비준가액은? 【　　　】원(상승식으로 계산)

28·29·31·33회

• 대상토지	: A시 B구 C동 350번지, **150m²**(면적), 대(지목), 주상용(이용상황), 제2종일반**주거지역**(용도지역)
• 기준시점	: 2022.10.29.
• 거래사례의 내역	• 소재지 : A시 B구 C동 340번지 • **200m²**(면적), 대(지목), 주상용(이용상황) • 제2종 일반주거지역(용도지역) • 거래가격 : 800,000,000원 • 거래시점 : 2022.06.01. • 사정보정치 : 0.9
• 지가변동률(A시 B구, 2022.06.01~2022.10.29.)	: 주거지역 **5% 상승**, 상업지역 4% 상승
• 지역요인	: 거래사례와 동일
• 개별요인	: 거래사례에 비해 **5% 열세**

🏠 **문제풀이 TIP**

계산기 (거거지) 거지가격 800,000,000 × 150 ÷ 200($\frac{150}{200}$) × 0.9 × 1.05 × 0.95 = 538,650,000원

　　　　　　　　　　　곱　　나　　　　　곱　　곱　　곱

02 공시지가기준법으로 산정한 대상토지의 가액(원/m²)은? 【   】원/m²
30 · 32 · 34회

• 대상토지 • 기준시점	: A시 B구 C동 320번지, 일반상업지역 : 2021.10.30.
• 비교표준지	: A시 B구 C동 300번지, 일반상업지역, 2021.01.01. 기준 공시지가 10,000,000원/m²
• 지가변동률 (2021.1.1~2021.10.30) • 지역요인 • 개별요인 • 그밖의 요인 보정치: 1.50	: A시 B구 상업지역 5% 상승 : 대상토지와 비교표준지의 지역요인은 동일함 : 대상토지는 비교표준지에 비해 가로 조건 10% 우세, 환경조건 20% 열세하고, 다른 조건은 동일함(상승식으로 계산할 것)

🏠 문제풀이 TIP

계산기 (공표지) 표지가격 = 10,000,000원/m² × 1.05 × 1.1 × 0.8 × 1.50 = 13,860,000원/m²
　　　　　　　　　　　　　　　　　　곱　　　곱　　곱　　곱

03 다음 자료를 활용하여 공시지가기준법으로 평가한 대상토지의 시산가액(m²당 단가)은?
【   】원 2023년 감정평가사

- 대상토지 현황: A시 B구 C동 101번지, 일반상업지역, 상업나지
- 기준시점: 2023.04.08.
- 비교표준지: A시 B구 C동 103번지, 일반상업지역, 상업나지
  　　　　　2023.01.01. 기준 표준지공시지가 10,000,000원/m²
- 지가변동률: 1) 2023.01.01. ~ 2023.03.31. : −5.00%
  　　　　　 2) 2023.04.01. ~ 2023.04.08. : −2.00%
- 지역요인: 비교표준지는 대상토지의 인근지역에 위치함
- 개별요인: 대상토지는 비교표준지대비 획지조건에서 4% 열세하고, 환경조건에서 5% 우세하며, 다른 조건은 동일함
- 그 밖의 요인 보정: 대상토지 인근지역의 가치형성요인이 유사한 정상적인 거래사례 및 평가사례 등을 고려하여 그 밖의 요인으로 20% 증액 보정함
- 상승식으로 계산할 것
- 산정된 시산가액의 천원 미만은 버릴 것

🏠 문제풀이 TIP

10,000,000원 × 0.95 × 0.98 × 0.96 × 1.05 × 1.2 = 11,261,376원, 천원 미만은 절사하면 11,261,000원이 된다.
                      곱   곱   곱   곱

1. 시점수정치: 0.95 × 0.98
2. 개별요인비교치: 0.96 × 1.05
3. 그 밖의 요인 보정치: 1.2

---

04 거래사례비교법 적용시, 거래사례가 인근 정상 거래가격 대비 20% 고가에 매도된 것을 확인하였다. 사정보정치는? 【　　】

🏠 문제풀이 TIP

$$\text{사정보정치} = \frac{\text{대상부동산}}{\text{사례부동산}} = \frac{100}{120} = 0.83$$

계산기 100 ÷ 120 =

🏠 문제풀이 TIP

1. $\dfrac{\text{대상부동산}}{\text{사례부동산}}$
2. 사례자료를 인근지역에서 구한 경우에는 지역요인비교 생략 가능
3. 표준지 사례: 사정보정 생략 가능, 시점수정을 실시
4. 시점수정방법: 지수법 $\dfrac{\text{기준시점의 가격지수}}{\text{거래시점의 가격지수}}$, 변동률적용법 $(1+r)^n$

테마 98 | 수익환원법의 수익가격(계산문제) 24·28·30·32·33·35회

01 다음 자료를 활용하여 수익환원법을 적용한 평가대상 근린생활시설의 수익가액은? (단, 주어진 조건에 한하며 연간 기준임)

- 가능총소득: 5,000만원
- 공실손실상당액: 가능총소득의 5%
- 유지관리비: 가능총소득의 3%
- 부채서비스액: 1,000만원
- 자본지출액: 600만원
- 소유자의 급여: 3,000만원
- 사업소득세(영업소득세): 600만원
- 화재보험료: 100만원
- 개인업무비: 가능총소득의 10%
- 기대이율 4%, 환원율 5%

① 6억원
② 7억 2,000만원
③ 8억 2,000만원
④ 9억원
⑤ 11억 2,500만원

🔔 **문제풀이 TIP**

수익환원법 ⇨ 수익가격 = 순영업소득 / 환원율 = 4,500만원 / 5% = 9억원

- 가능조소득(5,000만원) − 공실상당액 및 대손충당금(5%) = 유효조소득(4,750만원) − 영업경비(250만원) = 순영업소득(4,500만원)

  수익가액 = 가능총소득 − 공실·불량부채 − 영업경비 ÷ 환원이율
  ⇨   빼   빼   나

계산기 50,000,000 − 5% − 2,500,000 ÷ 5% = 900,000,000
☆ 암기법: 빼   빼   나

02 다음의 조건을 가진 A부동산에 관한 설명으로 옳지 않은 것은? (단, 주어진 조건에 한함)

- 가능총소득: 연 1억원
- 공실 및 대손: 가능총소득의 10%
- 운영경비: 유효총소득의 30%
- 가격구성비: 토지 40%, 건물 60%
- 토지환원율: 연 3%, 건물환원율: 연 5%

① 유효총소득은 연 9천만원이다.
② 순영업소득은 연 6천 3백만원이다.
③ 자본환원율은 연 4%이다.
④ 수익가격은 15억원이다.
⑤ 운영경비는 연 2천 7백만원이다.

문제풀이 TIP

③ 4% ⇨ 4.2%, 자본환원율(4.2%) = (3% × $\frac{4}{10}$) + (5% × $\frac{6}{10}$)

① 유효총소득은 9천만원
② 순영업소득은 6천 3백만원
④ 수익가액(15억원) = $\frac{순영업소득(63,000,000원)}{환원이율(4.2\%)}$

	가능총소득	(100,000,000원)
−	공실 및 대손	(10,000,000원)
	유효총소득	(90,000,000원)
−	영업경비	(27,000,000원)
	순영업소득	(63,000,000원)

⑤ 운영경비는 2천 7백만원

문제풀이 TIP

1. 수익가액 = $\frac{순수익(순영업소득)}{환원이율}$

2. 환원이율
   (1) 환원이율 = 자본수익률(할인율) + 자본회수율(상각률)
   (2) 환원이율 = $\frac{순수익(순영업소득)}{가격}$
   (3) 환원이율 = 저당상수 × 부채감당률 × 대부비율
   (4) 환원이율 = 순수이율 + 위험(할증)률
   (5) 환원이율 = (지분비율 × 지분배당률) + (대부비율 × 저당상수)

3. **자본환원율(환원이율)**: 총투자액에 대한 순영업소득의 비율이다. 이론문제로 나올 때에는 자본환원율은 요구수익률로 해석한다.

> ▶ 기출문제
> ① 자본의 기회비용을 반영하므로, 자본시장에서 시장금리가 상승하면 함께 상승한다. (○)
> ② 부동산 자산이 창출하는 순영업소득에 해당자산의 가격을 곱한 값이다. (×)
> ③ 자산가격 상승에 대한 투자자들의 기대를 반영한다. (○)
> ④ 자본환원율이 상승하면 자산가격이 상승한다. (×)
> ⑤ 프로젝트의 위험이 높아지면 자본환원율도 상승한다. (○)
> ⑥ 자본환원율은 자본의 기회비용을 반영하며, 금리의 상승은 자본환원율을 높이는 요인이 된다. (○) 33회
> ⑦ 순영업소득(NOI)이 일정할 때 투자수요의 증가로 인한 자산가격 상승은 자본환원율을 높이는 요인이 된다. (×) 33회
> ⑧ 투자위험의 감소는 자본환원율을 낮추는 요인이 된다. (○) 33회
> ⑨ 부동산시장이 균형을 이루더라도 자산의 유형, 위치 등 특성에 따라 자본환원율이 서로 다른 부동산들이 존재할 수 있다. (○) 33회

4. **환원이율 산정방법**: 조. 시. 투. 엘. 부 ☼ 암기법: 조씨가 12명

시장추출법	거래(매매)사례로부터 직접 산정
조성(요소구성)법	환원이율 = 순수이율 + 위험(할증)률, 주관적
투자결합법	① 물리적: 순수익 발생능력은 토지와 건물이 다르며 분리 ○ ② 금융적: 지분투자자와 저당투자자의 요구수익률이 다르며 분리 ○
엘우드법	**지**분투자자 입장, **매**기간 현금수지, **가**치변화분, **지**분형성분
부채감당법	**저**당투자자 입장, 환원이율 = **저**당상수 × **부**채감당률 × **대**부비율

테마 99 수익환원법의 환원이율(계산문제) 18·24회

01 환원이율 산정시 다음 (   )에 들어갈 내용으로 옳은 것은?

ㄱ. 환원이율 = $\dfrac{(\,\bigcirc\,)}{\text{가격}}$

ㄴ. 환원이율 = (ⓒ) + 자본회수율

ㄷ. 환원이율 = (ⓒ) × 대부비율 × 저당상수

	⊙	ⓒ	ⓒ
①	순영업소득	감가상각률	부채감당률
②	세후현금수지	자본수익률	부채비율
③	순영업소득	자본수익률	부채비율
④	세후현금수지	감가상각률	총자산회전율
⑤	순영업소득	할인율	부채감당률

02 다음과 같은 조건에서 대상부동산의 수익가액 산정시 적용할 환원이율(capitalization rate)은? (단, 소수점 셋째 자리에서 반올림하여 둘째 자리까지 구함)

- 유효총소득(EGI) : 80,000,000원
- 재산세 : 2,000,000원
- 화재보험료 : 1,000,000원
- 재산관리 수수료 : 1,000,000원
- 유틸리티 비용(전기, 가스, 난방 등 공익시설에 따른 비용) : 1,000,000원
- 소득세 : 2,000,000원
- 관리직원 인건비 : 2,000,000원
- 부채서비스액(debt service) : 연 40,000,000원
- 대부비율 : 30%
- 대출조건 : 이자율 연 4%로 15년간 매년 원리금균등분할상환(고정금리)
- 저당상수(이자율 연 4%, 기간 15년) : 0.09

① 3.93%   ② 4.93%   ③ 5.93%
④ 6.93%   ⑤ 7.93%

문제풀이 TIP

환원이율(0.049275) = 저당상수(0.09) × 부채감당률(1.825) × 대부비율(0.3)

- 부채감당률 (1.825) = $\dfrac{\text{순영업소득(73,000,000원)}}{\text{부채서비스액(40,000,000원)}}$

▶ 환원이율(자본환원율)

> 환원이율 = 저당상수 × 부채감당률 × 대부비율 ⇨ 부채감당법

---

03 다음 〈보기〉의 자료를 이용해 구한 환원이율은?

- 총투자액: 100,000,000원
- 연간 가능총소득: 19,500,000원
- 연간 공실에 따른 손실: 500,000원
- 연간 기타 소득: 1,000,000원
- 연간 영업경비 연간 유효총소득의 30%

① 6% ② 9.5% ③ 9.75%
④ 10% ⑤ 14%

문제풀이 TIP

환원율 = 순영업소득 / 수익가격 = 1,400만원 / 100,000,000원

- 가능조소득(19,500,000원) − 연간 공실에 따른 손실(500,000원) + 연간 기타 소득(1,000,000원) − 영업경비(30%) ÷ 수익가격(100,000,000원) = 0.14

  계산기 19,500,000 − 500,000 + 1,000,000 − 30% ÷ 100,000,000 = 0.14

테마 100   부동산 가격공시제도

01 다음 부동산 가격공시와 그 활용에 대한 연결로 옳은 것은?
① 표준지공시지가 – 국·공유재산 사용료, 대부료 산정의 기준
② 개별공시지가 – 일반적 토지거래의 지표, 부담금 산정 기준
③ 공동주택가격 – 개별주택가격 산정의 기준
④ 개별주택가격, 표준주택가격 – 주택시장의 가격정보제공, 과세기준
⑤ 개별공시지가 – 국세 및 지방세의 기준

02 부동산 가격공시제도에 관한 설명 중 옳은 것은?
① 일반적인 토지거래의 지표가 되며, 국가 등의 기관이 업무와 관련하여 지가를 산정하는 경우에 개별공시지가를 적용한다.
② 표준주택 및 공동주택의 가격은 주택시장의 가격정보를 제공하고, 국가 등의 기관이 과세 등의 업무와 관련하여 주택의 가격을 산정하는 경우에 그 기준으로 활용될 수 있다.
③ 개별공시지가에 대하여 이의가 있는 자는 공시일로부터 30일 이내에 서면으로 국토교통부장관에게 이의를 신청할 수 있다.
④ 표준지공시지가는 국토교통부장관이 2월 말일까지 공시하며, 공시사항으로는 표준지의 지번·면적·가격·용도·구조·연면적·사용승인일(임시사용승인일 포함) 등이 포함된다.
⑤ 국토교통부장관은 공동주택에 대하여 매년 공시기준일 현재의 적정가격(이하 "공동주택가격"이라 한다)을 조사·산정하여 중앙부동산가격공시위원회의 심의를 거쳐 공시하고, 이를 관계 행정기관 등에 제공하여야 한다.

03 부동산 가격공시 및 감정평가에 관한 법률에서 규정하고 있는 내용을 설명한 것이다. 다음 중에서 가장 옳은 것은?
① 개별공시지가는 매년 4월 30일까지 결정·공시된다.
② 개별주택가격과 공동주택가격은 조세부과를 위한 기준이 되며, 매년 4월 30일까지 국토교통부장관이 결정·공시한다.
③ 표준주택가격의 가격기준일은 1월 31일이다.
④ 표준지와 표준주택의 가격에 대해서는 공시일로부터 30일 이내에 국토교통부장관에게 이의를 신청할 수 있다.
⑤ 표준주택은 단독주택과 공동주택 중에서 각각 대표성 있는 주택을 선정한다.

04 부동산 가격공시제도에 대한 설명 중 가장 옳은 것은?

① 국토교통부장관이 표준지공시지가를 조사·평가할 때에는 업무실적, 신인도(信認度) 등을 고려하여 둘 이상의 감정평가법인등에게 이를 의뢰하여야 한다. 다만, 지가 변동이 작은 경우 등 대통령령으로 정하는 기준에 해당하는 표준지에 대해서는 하나의 감정평가법인등에 의뢰할 수 없다.

② 표준주택 및 공동주택의 가격은 주택시장의 가격정보를 제공하고, 국가·지방자치단체 등의 기관이 과세 등의 업무와 관련하여 주택의 가격을 산정하는 경우에 그 기준으로 활용될 수 있다.

③ 표준지의 평가는 토지에 건물 기타 정착물이 있거나 지상권 등 토지의 사용수익을 제한하는 사법상의 권리가 설정되어 있는 경우 나지상태로 평가한다. 표준지공시지가를 이용하여 개별공시지가를 구할 때는 사정보정은 필요하지만 시점수정은 필요 없다.

④ 국토교통부장관은 표준주택가격을 조사·산정하고자 할 때에는 한국부동산원에 의뢰한다. 시장·군수 또는 구청장은 개별주택가격을 결정·공시하기 위하여 개별주택의 가격을 산정할 때에는 표준주택가격과의 균형 등 그 타당성에 대하여 대통령령으로 정하는 바에 따라 한국부동산원의 검증을 받고 토지소유자, 그 밖의 이해관계인의 의견을 들어야 한다.

⑤ 공동주택가격에 대하여 이의가 있는 자는 공동주택가격의 공시기준일부터 30일 이내에 서면으로 국토교통부장관에게 이의를 신청할 수 있다.

05 우리나라 부동산 가격공시제도에 관한 설명으로 옳은 것은? 2018년 감정평가사

① 다가구주택은 공동주택가격의 공시대상이다.
② 개별공시지가의 공시기준일이 6월 1일인 경우도 있다.
③ 표준주택에 그 주택의 사용·수익을 제한하는 권리가 설정되어 있을 때에는 이를 반영하여 적정가격을 산정해야 한다.
④ 국세 또는 지방세 부과대상이 아닌 단독주택은 개별주택가격을 결정·공시하지 아니할 수 있다.
⑤ 표준지공시지가의 공시권자는 시장·군수·구청장이다.

06 부동산 가격공시에 관한 법령상 주택가격의 공시에 관한 설명으로 옳은 것은?

2020년 감정평가사

① 국토교통부장관은 표준주택을 선정할 때에는 일반적으로 유사하다고 인정되는 일단의 공동주택 중에서 해당 일단의 공동주택을 대표할 수 있는 주택을 선정하여야 한다.
② 국토교통부장관은 표준주택가격을 조사·산정하고자 할 때에는 한국부동산원 또는 둘 이상의 감정평가법인등에게 의뢰한다.
③ 표준주택가격은 국가·지방자치단체 등이 과세업무와 관련하여 주택의 가격을 산정하는 경우에 그 기준으로 활용하여야 한다.
④ 표준주택가격의 공시사항에는 지목, 도로상황이 포함되어야 한다.
⑤ 개별주택가격 결정·공시에 소요되는 비용은 75퍼센트 이내에서 지방자치단체가 보조할 수 있다.

07 다음 중 현행 부동산 가격공시제도에 관한 설명으로 옳은 것은 몇 개인가? 2021년 감정평가사

> ㉠ 표준주택가격의 조사·평가는 감정평가사가 담당한다.
> ㉡ 개별주택가격의 공시기준일이 6월 1일인 경우도 있다.
> ㉢ 공동주택가격의 공시권자는 시장·군수·구청장이다.
> ㉣ 표준지공시지가는 표준지의 사용·수익을 제한하는 사법상의 권리가 설정되어 있는 경우 이를 반영하여 평가한다.
> ㉤ 개별공시지가는 감정평가법인등이 개별적으로 토지를 감정평가하는 경우에 기준이 된다.

① 없음   ② 1개   ③ 2개
④ 3개   ⑤ 4개

🔔 문제풀이 TIP

1. 적중예상지문
   (1) 표준지 공시사항에는 건물에 관한 사항(**용도, 연면적, 구조, 사용승인일, 임시사용승인일**)이 포함되지 않는다.
   (2) 표준지 또는 표준주택가격 공시사항에는 **토지소유자, 건축허가일**은 공시되지 않는다.
   (3) **표준지**에 건물 또는 그 밖의 정착물이 있거나 지상권 또는 그 밖의 토지의 사용·수익을 제한하는 권리가 설정되어 있을 때에는 **그 정착물 또는 권리가 존재하지 아니하는 것으로 보고 표준지공시지가를 평가하여야 한다.**
   (4) **표준주택, 공동주택**에 전세권 또는 그 밖에 단독주택의 사용·수익을 제한하는 권리가 설정되어 있을 때에는 **그 권리가 존재하지 아니하는 것으로 보고 적정가격을 산정하여야 한다.**
   (5) 농지전용부담금·개발부담금 등의 부과대상이 아닌 토지와 국세 또는 지방세의 부과대상이 아닌 **토지**는 개별공시지가를 공시하지 아니한다.
   (6) 아파트에 해당되는 **공동주택은 국세청장이 국토교통부장관과 협의하여 그 공동주택가격을 별도로 결정·고시할 수 있다.**
   (7) **공동주택가격의 공시에는 공동주택의 면적이 포함**되며 표준지에 대한 **용도지역은 표준지공시지가의 공시사항에 포함**된다.

2. 부동산가격공시제도

구 분	공시 [심의]	(결정)공시일 [공시기준일]
표준지공시지가 (평가법인 의뢰)	국장 [중앙]	2월 말일까지 [1월 1일]
개별공시지가	시·군·구청장 [시·군·구]	5월 31일까지 주사토오 [1월 1일 또는 7월 1일]
표준주택가격 (부동산원 의뢰)	국장 [중앙]	1월 31일까지 [1월 1일]
개별주택가격	시·군·구청장 [시·군·구]	4월 30일까지 주사토오 [1월 1일 또는 6월 1일]
공동주택가격 (부동산원 의뢰)	국장 [중앙]	🔔 암기법: 주6일 근무 합병하면 회사가 바쁘니까

🔔 암기법: 표준적인 토인은 주원이

표준지공시지가는 둘 이상의 감정평가법인등에게 의뢰(다만, 지가변동이 작은 경우에는 하나의 감정평가법인등에게 의뢰할 수 있다.)

▶ 이의신청: **이의가 있는 자, 공시일로부터 30일 이내 공시권자에게 서면**

(1) 표준지 선정 기준 ✿ 암기법: 안확대중
   ① **안**정성(지속적) ② **확**정성(확인용이) ③ **대**표성(지가수준) ④ **중**용성(이용상황)
(2) 표준지 평가기준
   ① **적정가격** ② **실제용도**(공시기준일 현재) ③ **나지평가** ④ 공법상 제약 **반영** ○
   ⑤ 개발이익 **반영** ○

3. 활 용

표준지공시지가	① 일반적인 토지**거**래의 지표 ② 토지시장에 **지**가정보를 제공 ③ 감정평가법인등이 **개별**적으로 토지를 감정평가 기준 ④ **국가·지방자치단체** 등 그 업무관련 지가를 산정
개별공시지가	① **사용료·대부료** ② **부담금** ③ **과세**(징수목적) 　 개사료　　　　　　개부담　　개세
표준주택가격	국가·지방자치단체 등이 그 업무와 관련하여 **개별주택가격을 산정**하는 경우에 그 기준
개별주택가격 공동주택가격	① 주택시장의 **가격정보**를 제공 ② 국가·지방자치단체 등이 **과세** 등의 업무와 관련하여 주택의 가격을 산정하는 경우에 그 기준

4. 공시사항

표준지공시지가 (토지에 관한 사항만)	표준주택가격 (토지 + 건물에 관한 사항)
① 지번 ② 단위면적당 가격 ③ 면적 및 형상 ④ 주변도지 이용상황 ⑤ 용도지역, 도로상황, 지목	① 지번 ② 가격 ③ 대지면적 및 형상 ④ 용도·연면적·구조·사용승인일(임시포함) 　✿ 암기법: **용연구사** ⑤ 용도지역, 도로상황, 지목, 건축허가일 ×

5. 표준: 표를 개로 본다.
   (1) **표준지로 선정된 토지**에 대해서는 당해 토지의 공시지가를 개별공시지가로 **본다.**
      ▶ 옳은 지문으로 자주
      표준지로 선정된 토지, 조세 또는 부담금 등의 부과대상이 아닌 토지 등에 대하여는 개별공시지가를 결정·공시하지 아니할 수 있다.
   (2) **표준주택으로 선정된 주택**에 대하여는 당해 표준주택가격을 개별주택가격으로 **본다.**
      ▶ 옳은 지문으로 자주

박문각 공인중개사

정답

테마 100 정답

테마 01	1. ③	2. ①	3. ①		테마 27	1. ①				
테마 02	1. ②				테마 28	1. ③	2. ①			
테마 03	1. ①	2. ②	3. ③	4. ③	테마 29	1. ②				
테마 04	1. ④				테마 30	1. ①				
테마 05	1. ②	2. ④	3. ⑤	4. ①	테마 31	1. ⑤				
테마 06	1. ④	2. ①			테마 32	1. ③	2. ④	3. ①		
테마 07	1. ①				테마 33	1. ③	2. ④			
테마 08	1. ②				테마 34	1. ③				
테마 09	1. ⑤	2. ②			테마 35	1. ⑤				
테마 10	1. ③				테마 36	1. ②	2. ③	3. ③	4. ①	5. ②
테마 11	1. ⑤				테마 37	1. ④	2. ③			
테마 12	1. ④	2. ③			테마 38	1. ②	2. ①	3. ②	4. ①	5. ⑤
테마 13	1. ①	2. ⑤			테마 39	1. ②	2. ⑤	3. ①	4. ②	
테마 14	1. ⑤				테마 40	1. ②				
테마 15	1. ②	2. ②	3. ①		테마 41	1. ④				
테마 16	1. ③				테마 42	1. ⑤				
테마 17	1. ④				테마 43	1. ②				
테마 18	1. ④				테마 44	1. ④				
테마 19	1. ⑤	2. ④			테마 45	1. ②				
테마 20	1. ④	2. ④			테마 46	1. ②				
테마 21	1. ②	2. ⑤			테마 47	1. ⑤	2. ①	3. ⑤	4. ③	5. ③	6. ④
테마 22	1. ⑤				테마 48	1. ③	2. ①			
테마 23	1. ③	2. ②			테마 49	1. ⑤				
테마 24	1. ⑤				테마 50	1. ⑤	2. ⑤			
테마 25	1. ④				테마 51	1. ④	2. ④	3. ③	4. ⑤	5. ②
테마 26	1. ②				테마 52	1. ④	2. ④	3. ③	4. ②	

테마 53	1. ①	2. ①				테마 81	1. ⑤	2. ③	3. ⑤	4. ④	5. ①
테마 54	1. ③	2. ③				테마 82	1. ⑤				
테마 55	1. ③	2. ②				테마 83	1. ⑤	2. ②	3. ③	4. ②	
테마 56	1. ②					테마 84	1. ②				
테마 57	1. ③	2. ③	3. ⑤			테마 85	1. ⑤				
테마 58	1. ④					테마 86	1. ④	2. ④	3. ③		
테마 59	1. ④	2. ②	3. ③	4. ④		테마 87	1. ④				
테마 60	1. ④	2. ④	3. ①			테마 88	1. ⑤	2. ④	3. ⑤		
테마 61	1. ④	2. ⑤	3. ①			테마 89	1. ④	2. ⑤			
테마 62	1. ③					테마 90	1. ②	2. ③	3. ⑤		
테마 63	1. ⑤	2. ①				테마 91	1. ④	2. ③			
테마 64	1. ②	2. ①				테마 92	1. ①	2. ①	3. ⑤		
테마 65	1. ②					테마 93	1. ⑤	2. ⑤	3. ②	4. ④	
테마 66	1. (1) 4,3,기각 (2) 3,6,선택					테마 94	1. ②	2. ②	3. ④		
테마 67	1. ③					테마 95	1. ④	2. ①	3. ②		
테마 68	1. ③	2. ⑤	3. ②	4. ④		테마 96-1	1. ②	2. ④			
테마 69	1. ⑤	2. ②	3. ⑤			테마 96-2	1. ③	2. ⑤			
테마 70	1. ①	2. ④	3. ③			테마 96-3	1. (1) 1.8% (2) 7,938,000원 (3) 212,562,000원 2. ④				
테마 71	1. ④	2. ③	3. ②								
테마 72	1. ④	2. ④									
테마 73	1. ⑤	2. ③									
테마 74	1. ③					테마 97	1. 538,650,000원 2. 13,860,000원/m² 3. 11,261,000원 4. 0.83				
테마 75	1. ⑤										
테마 76	1. ③	2. ⑤	3. ①	4. ①							
테마 77	1. ③	2. ②				테마 98	1. ④	2. ③			
테마 78	1. ③	2. ②	3. ③	4. ⑤		테마 99	1. ⑤	2. ②	3. ⑤		
테마 79	1. ⑤	2. ④	3. ②	4. ③	5. ⑤	테마 100	1. ⑤	2. ⑤	3. ④	4. ④	5. ④
테마 80	1. ②	2. ⑤					6. ④	7. ②			

제36회 공인중개사 시험대비 **전면개정**

2025 박문각 공인중개사
송우석 파이널 패스 100선 1차 부동산학개론

초판인쇄 | 2025. 8. 5.   **초판발행** | 2025. 8. 10.   **편저** | 송우석 편저
발행인 | 박 용   **발행처** | (주)박문각출판   **등록** | 2015년 4월 29일 제2019-000137호
주소 | 06654 서울시 서초구 효령로 283 서경 B/D 4층   **팩스** | (02)584-2927
전화 | 교재 주문 (02)6466-7202, 동영상문의 (02)6466-7201

저자와의
협의하에
인지생략

이 책의 무단 전재 또는 복제 행위는 저작권법 제136조에 의거, 5년 이하의 징역 또는 5,000만원 이하의 벌금에 처하거나 이를 병과할 수 있습니다.

정가 19,000원
ISBN 979-11-7519-034-4